INTERPRETATIONEN ENGLISCH

William Shakespeare

Macbeth

Interpretiert von
Franz Mürb

STARK

Bildnachweis
Umschlagbild: Cinetext Bildarchiv
S. 3: © Georgios Kollidas | Dreamstime.com
S. 4: Stich von J. C. Visscher, ca. 1616
S. 5: Inhaltsverzeichnis des „first folio"
S. 25: picture-alliance/akg-images/Erich Lessing
S. 46: Holzschnitt aus „Newes from Scotland", 1591

ISBN 978-3-89449-353-0

www.stark-verlag.de
1. Auflage 1999

STARK

Inhalt

Vorwort

Einführung 1

Biografie und Entstehungsgeschichte 3

Inhaltsangabe 7

Textanalyse und Interpretation 23

1 Charakterisierung der Personen 23

2 Form und Aufbau 29

3 Motive 38

4 Sprache und Symbolik 41

5 Interpretation von Schlüsselstellen 46

Rezeptionsgeschichte 57

Literaturhinweise 59

Autor: Franz Mürb

Vorwort

Liebe Schülerinnen, liebe Schüler,

diese Interpretationshilfe zu Shakespeares *Macbeth* ermöglicht Ihnen eine gezielte Vorbereitung auf die Unterrichtslektüre und auf Klausuren. Der erste Abschnitt liefert **Informationen zur Person des Autors** und seines Werkes. Eine ausführliche **Inhaltsangabe nach Kapiteln** hilft beim Auffrischen der Handlungszusammenhänge.

Im Kapitel „Textanalyse und Interpretation“ werden wichtige **inhaltliche Gesichtspunkte** (Charakterisierung der Personen) und die **formale Gestaltung** (Form und Aufbau, Motive, Sprache und Symbolik) untersucht. Im Mittelpunkt stehen hier **Interpretationen von Schlüsselstellen**, die ausgewählte Passagen des Dramas deuten und exemplarisch Deutungsansätze aufzeigen. Abschließend wird kurz die **Wirkungsgeschichte** des Dramas dargestellt und geeignete **Sekundärliteratur** genannt.

Franz Mürb

Einführung

Macbeth ist die letzte – und kürzeste – der großen Shakespeare-Tragödien *(Othello, King Lear, Hamlet)*. Doch nicht nur wegen ihrer Kürze stellt sie einen idealen Studien- und Lesestoff für die Schule dar, sondern vor allem wegen ihrer Geschlossenheit. Das Drama zeigt ohne Nebenhandlungen die Tragödie des Königsmörders Macbeth und seiner Frau, die ihn zu der Tat drängt.

Es gibt nur wenige Hauptpersonen, im Mittelpunkt steht Macbeth. Seine Gedanken und Gefühle sollen dem Zuschauer deutlich werden. Daher verwendet Shakespeare besonders viele Monologe, mehr als in seinen anderen Stücken, um dem Publikum die innere Verfassung der beiden Hauptpersonen Macbeth und Lady Macbeth zu verdeutlichen. Beide können sich jedoch nach dem Mord an König Duncan nicht an ihrer neuen Position freuen, denn die ruchlose Tat vergiftet alle ihre weiteren Gedanken und Handlungen.

Duncan, der König von Schottland, wird von Shakespeare als um Gerechtigkeit bemühter, weiser Herrscher geschildert. Seine Tragik liegt darin, dass er seine Mitmenschen nicht richtig einschätzen kann und so in Macbeth einen Verräter zum Vertrauten macht, der ihn schließlich ermordet. Positiver Gegenspieler zu Macbeth ist Banquo. Er hört nicht auf die zweifelhaften Prophezeiungen der Hexen. Banquo erkennt, dass das Böse, das die Hexen verkörpern, den Menschen ins Verderben führen muss. Weil er auf der Seite des Rechts bleiben will, muss Banquo sterben.

Alle anderen Personen mit Ausnahme der Hexen, die schon in der ersten Szene den doppeldeutig-bösen Grundton des Dramas anstimmen, sind Nebenfiguren, die Macbeth als tragischen

Helden erscheinen lassen, der selbst noch in tiefster schuldhafter Verstrickung unser Mitgefühl zu erwecken vermag.

In *Macbeth* erleben wir das immer aktuelle Thema von Loyalität, Macht, Machtmissbrauch und persönlichem Ehrgeiz, von Mord und wahnsinnigen Zukunftshoffnungen, die in nichts zerstieben und schließlich in einer Sicht des Lebens als „Märchen, von einem Narren erzählt, voller Schall und Wut und ohne Bedeutung" (*Macbeth* V, 5, 26–28) enden.

Shakespeare gilt heute mehr denn je als größter Dramatiker aller Zeiten. Seine Bedeutung für die Weltliteratur ist unbestritten. Seine ungeheure Nachwirkung bis heute wird dadurch deutlich, dass seine Werke nach wie vor auf Bühnen in aller Welt aufgeführt werden. *Macbeth* ist eines der Dramen, das mit am besten eine Einführung in das Werk Shakespeares ermöglicht.

Biografie und Entstehungsgeschichte

Über Shakespeares Leben ist nur wenig bekannt. Es gibt keine zeitgenössische Biografie, die das Leben des Autors für uns bewahrt hätte. Die Fakten, auf die spätere Biografen (als einer der ersten Nicholas Rowe, 1709) sich beziehen konnten, stammen meist aus Dokumenten wie Kirchenregistern, Prozessakten, Steuerakten, Theaterdokumenten, Geschäftspapieren, Testamenten usw. Aufgrund dieser Quellen konnte Shakespeares Leben rekonstruiert werden.

William Shakespeare wurde am 23. April 1564 in Stratford-upon-Avon geboren. Er starb am 23. April 1616. Sein Vater war ein wohlhabender Geschäftsmann und zeitweise Bürgermeister von Stratford; seine Mutter entstammte einer Familie, die ihren Reichtum auf Landbesitz gründete. William bekam eine gute Schulbildung, er lernte auch Latein und Altgriechisch, besuchte aber nach der Schule keine Universität. Im Alter von 18 Jahren heiratete er Anne Hathaway, die acht Jahre älter war als er. Sechs Monate später wurde die Tochter Susanna geboren, und im Jahre 1585 kamen Zwillinge zur Welt. 1592 ist Shakespeare in London als Theaterschriftsteller und Schauspieler bereits ein bekannter Mann.

1594 schlossen sich Shakespeare und einige andere Schauspieler zu einer Schauspiel-Truppe zusammen, den „Lord Chamberlain's Men". Ab dem Jahre 1603, mit der Thronbesteigung von James I., nannten sie sich „King's Men". Die „King's Men" waren äußerst erfolgreich: Shakespeares Reichtum gründete sich auf die Einnahmen, die er als Autor und Schauspieler dieser Truppe hatte.

Bis 1611, als er seine Laufbahn als Schauspieler beendete, blieb Shakespeare Mitglied der „Kings's Men". Im selben Jahr zog er sich auch aus London zurück und lebte von da an in seinem herrschaftlichen Haus in Stratford-upon-Avon.

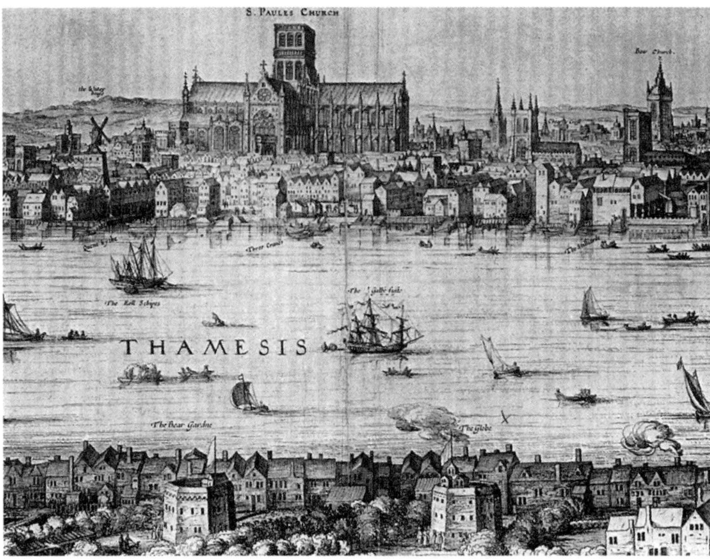

Ansicht von London. Stich von J. C. Visscher, ca. 1616. Rechts unten erkennt man das Globe-Theatre. Macbeth wurde im Globe-Theatre uraufgeführt.

Von den 37 Bühnenstücken Shakespeares, die er teilweise direkt für die „King's Men" schrieb, wurden zu seinen Lebzeiten nur einige veröffentlicht, meist als nicht autorisierte Mitschriebe während Aufführungen (man kann von „Raubkopien" sprechen). Eine erste autorisierte Ausgabe seiner Werke kam 1623 heraus, als zwei seiner ehemaligen Schauspielerkollegen den sogenannten „first folio“ drucken ließen. Auch *Macbeth* erschien zum ersten Mal gedruckt im „First Folio“.

Die erste Aufführung des *Macbeth* erfolgte wahrscheinlich im Jahre 1606. Das Werk entstand wohl als letzte der drei großen Tragödien *(Othello, King Lear, Hamlet)* im Jahre 1605/06. Die erste bezeugte Aufführung fand 1611 im „Globe Theatre“ statt.

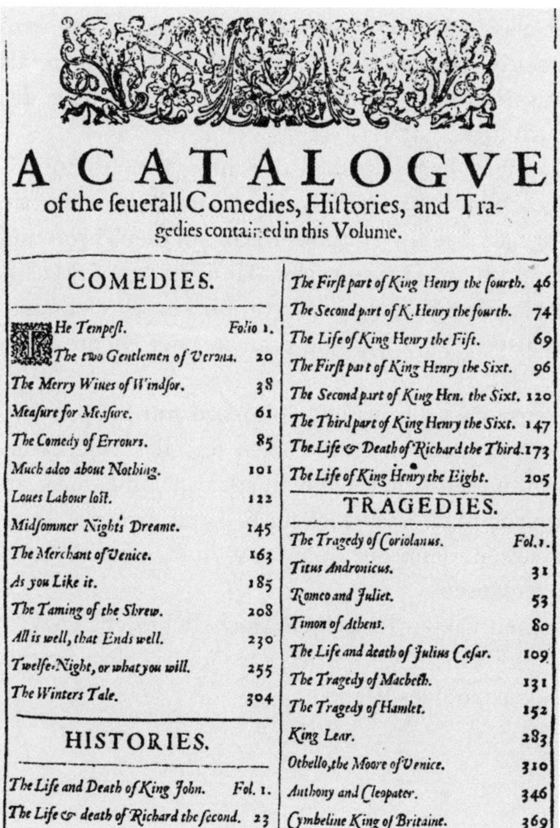

A CATALOGVE
of the ſeuerall Comedies, Hiſtories, and Tragedies contained in this Volume.

COMEDIES.

The Tempeſt.	Folio 1.
The two Gentlemen of Verona.	20
The Merry Wiues of Windſor.	38
Meaſure for Meaſure.	61
The Comedy of Errours.	85
Much adoo about Nothing.	101
Loues Labour loſt.	122
Midſommer Nights Dreame.	145
The Merchant of Venice.	163
As you Like it.	185
The Taming of the Shrew.	208
All is well, that Ends well.	230
Twelfe-Night, or what you will.	255
The Winters Tale.	304

HISTORIES.

The Life and Death of King John.	Fol. 1.
The Life & death of Richard the ſecond.	23
The Firſt part of King Henry the fourth.	46
The Second part of K. Henry the fourth.	74
The Life of King Henry the Fiſt.	69
The Firſt part of King Henry the Sixt.	96
The Second part of King Hen. the Sixt.	120
The Third part of King Henry the Sixt.	147
The Life & Death of Richard the Third.	173
The Life of King Henry the Eight.	205

TRAGEDIES.

The Tragedy of Coriolanus.	Fol. 1.
Titus Andronicus.	31
Romeo and Juliet.	53
Timon of Athens.	80
The Life and death of Julius Cæſar.	109
The Tragedy of Macbeth.	131
The Tragedy of Hamlet.	152
King Lear.	283
Othello, the Moore of Venice.	310
Anthony and Cleopater.	346
Cymbeline King of Britaine.	369

Inhaltsverzeichnis des „first folio“

Als Vorlage für sein Stück benützte Shakespeare Raphael Holinsheds (ca. 1525–ca. 1580) *Chronicles of England, Scotlande, and Irelande.* Das Werk ist als historische Quelle nur bedingt zuverlässig, da Tatsachen und Legenden vermischt werden. Das Drama folgt dieser Vorlage in weiten Teilen, manchmal hat Shakespeare sogar ganze Dialogpassagen übernommen. Es gibt allerdings einige wichtige Änderungen gegenüber der Holinshed-Chronik:

- Banquo, der als Vorfahr von James I. galt, wird in *Macbeth* durchweg positiv dargestellt, denn Shakespeare brauchte als Autor, Schauspieler und Theaterbesitzer das Wohlwollen des regierenden Königs.
- König Duncan wird bei Holinshed als schwacher und unfähiger König geschildert, der selbst den Thron usurpiert hat. Macbeth hingegen hat ein legitimes Recht auf den Thron und tötet Duncan im Kampf Mann gegen Mann auf dem Schlachtfeld. Dieser Handlungsstrang wird von Shakespeare zugunsten größerer psychologischer und dramatischer Dichte abgeändert.
- Für die Hexenszenen gibt es bei Holinshed nur knappe Andeutungen. Shakespeare hat die Hexen und das Übernatürliche zu einem wesentlichen Element seines Dramas ausgearbeitet. Wahrscheinlich wollte er auch damit James I. seine Referenz erweisen, denn der König war Autor eines Werkes über das Hexenwesen.

Die geschichtlichen Fakten für seinen *Macbeth* bezieht Shakespeare zwar aus Holinsheds *Chronicles*, das Drama selbst ist aber ein durchaus eigenständiges Werk.

Inhaltsangabe

Akt I, Szene 1

Drei Hexen treffen sich bei Donner und Blitz an einem wüsten, leeren Ort. Sie fragen sich gegenseitig, wann sie das nächste Mal zusammenkommen wollen: "In thunder, lightning, or in rain?" Das Treffen wird dann stattfinden, wenn der Wirrwarr („hurly-burly") vorüber, wenn der Kampf verloren und gewonnen sein wird. Sie werden sich auf der Heide mit Macbeth treffen, und das wird vor Sonnenuntergang der Fall sein. Die Hexen werden von ihren dienstbaren Dämonen gerufen, sprechen zusammen einen vieldeutigen Spruch ("Fair is foul and foul is fair") und verschwinden.

Akt I, Szene 2

In einem Militärcamp nahe Forres bringt ein verwundeter Offizier Nachrichten von einer Schlacht gegen innere und äußere Feinde Schottlands, die im Gange ist. Er teilt dem schottischen König Duncan mit, dass der Kampf eine ganze Zeit unentschieden stand, bis Macbeth, einer seiner Heerführer, schließlich den Aufrührer Macdonwald tötete. Doch dadurch war die Schlacht noch nicht gewonnen, denn nun sah der norwegische König Sweno seine Chance und begann mit frischen Truppen einen neuen Angriff. Aber tapfer und loyal verdoppelten die Anführer der königlichen Truppen, Banquo und Macbeth, daraufhin ihre Anstrengungen. Der Offizier bricht wegen seiner Verwundungen zusammen, und Ross und Angus, zwei weitere schottische Adlige, beenden den Bericht. Der norwegische König mit seiner großen Zahl an Soldaten war mit einem anderen Verräter verbündet, dem Thane of Cawdor. Doch Macbeth besiegte diese vereinigte Macht und Sweno musste eine große Summe an Geld als Tribut zahlen. Der verräterische Thane of Cawdor soll sofort hingerichtet werden. Seinen Titel und sein Land soll der siegreiche Macbeth erhalten.

Akt I, Szene 3

Die drei Hexen treffen sich, wie sie es in der ersten Szene besprochen haben. Sie erzählen sich gegenseitig von ihren bösen Unternehmungen seit ihrer letzten Zusammenkunft.

Eine Trommel verkündet die Ankunft von Macbeth und Banquo. Die Hexen begrüßen Macbeth mit drei Titeln: „Thane of Glamis“, „Thane of Cawdor“, „king hereafter“, was Macbeth zusammenzucken lässt. Banquo bittet die Hexen, auch ihm die Zukunft zu prophezeien. Sie sagen ihm, er werde Vater von Königen werden, ohne selbst König zu sein. Macbeth will weitere Information, doch die Hexen verschwinden und lassen ihn und Banquo nachdenklich zurück.

Ross und Angus kommen hinzu und bringen Macbeth die Botschaft, er habe vom König den Titel „Thane of Cawdor“ verliehen bekommen. Macbeth zweifelt daran, da er glaubt, der Thane of Cawdor sei noch am Leben. Er fragt Banquo unter vier Augen, ob er nicht mit der Erfüllung der Prophezeiung für sich selbst rechne, da doch die Prophezeiung ihm, Macbeth, gegenüber teilweise in Erfüllung gegangen sei. Doch Banquo traut den Hexen und ihren Voraussagen nicht.

Während die anderen Personen sich miteinander unterhalten, denkt Macbeth über die Prophezeiungen der Hexen nach, von denen zwei bereits eingetreten sind. Er überlegt nun, ob die dritte Prophezeiung, er werde König, sich wohl auch bewahrheiten könnte. Dabei kommt ihm auch ein Mord am König in den Sinn, er will aber zunächst abwarten und die Entscheidung dem Schicksal überlassen.

Akt I, Szene 4

Im Palast in Forres berichtet Malcolm seinem Vater, König Duncan, von der Hinrichtung des Thane of Cawdor. In diesem Augenblick kommt Macbeth mit Banquo, Ross und Angus herein. Besonders Macbeth wird vom König überschwänglich begrüßt, meint aber, seine Pflichterfüllung im Kampf sei eine Selbstverständlichkeit.

Duncan ernennt seinen Sohn Malcolm zum Prince of Cumberland und damit zum Thronfolger. Macbeth denkt daraufhin darüber nach, mithilfe von Gewaltanwendung selbst König zu werden.

Die ganze Hofgesellschaft macht sich auf nach Inverness, zu Macbeths Schloss.

Akt I, Szene 5

In ihrem Schloss in Inverness liest Lady Macbeth einen Brief ihres Mannes, in dem er ihr mitteilt, was die Hexen ihm prophezeit haben. Lady Macbeth möchte ihren Mann als König sehen. Sie fürchtet jedoch, dass er zu weich ist, um dieses Ziel auch mit unrechtmäßigen Mitteln zu erreichen. Sie will daher ihren ganzen Einfluss geltend machen, um ihn zum Handeln zu bewegen.

Von einem Boten erfährt sie, dass der König diese Nacht nach Inverness kommen wird. Ihr ist sofort klar, dass sie diese Chance nutzen muss. Ihre weiblichen Qualitäten wie Güte und Mitleid will sie zurückdrängen, um sich auf die Überlegungen, wie der König ermordet werden kann, konzentrieren zu können.

Als Macbeth eintritt, begrüßt sie ihn mit den Titeln „Glamis“ und „Cawdor“ und deutet an, er werde demnächst den Titel „König“ tragen. Sie nimmt an, auch er denke an den Tod des Königs und erinnert ihn daran, dass alles für die kommende Nacht vorbereitet werden muss. Für Macbeth ist aber die Entscheidung, ob er einen Mord am König begehen will, noch nicht gefallen. Er möchte mit seiner Frau noch weiter über diese Sache sprechen, was sie jedoch nicht für nötig hält.

Akt I, Szene 6

Duncan und seine Begleitung kommen an Macbeths Schloss an. Der König ist völlig ahnungslos und lobt die gute Lage des Schlosses, die schöne Natur sowie die friedliche Stimmung.

Lady Macbeth erscheint, um die Gäste zu begrüßen. Sie betont, alles was sie und ihr Mann für den König tun könnten sei wenig im Vergleich zu der hohen Ehre, die Duncan ihnen durch sein Kommen erweise. Duncan wünscht zu Macbeth gebracht zu werden.

Akt I, Szene 7

Macbeth liegt im Konflikt mit seinem Gewissen. Er würde den Mord ausführen, wenn damit keine weiteren Konsequenzen verbunden wären, die Strafe im Jenseits könnte er riskieren. Aber wer den König ermordet, so ist ihm klar, der wird noch in diesem irdischen Leben gerichtet. Wer eine solche Tat begeht, der lehrt außerdem andere, auch so zu handeln, und so könnte sich ein Mordplan bald auch gegen ihn selbst richten. Weitere Argumente gegen eine Bluttat fallen ihm ein: Er ist sowohl Duncans Verwandter und Untertan als auch sein Gastgeber, der vor einem Mörder die Tür verschließen und ihm nicht selbst nach dem Leben trachten sollte. Im Übrigen genießt Duncan allgemein hohes Ansehen. Macbeth erkennt, dass sein einziger Grund für einen Königsmord sein unbezwingbarer Ehrgeiz ist, der sich über alle Schranken hinwegsetzen will.

Lady Macbeth kommt hinzu und unterbricht den Gedankengang ihres Mannes. Macbeth teilt ihr mit, er werde bezüglich des Mordplanes nichts weiter unternehmen. Der König habe ihn erst kürzlich geehrt und alle Leute hätten eine gute Meinung von ihm. Zornig wirft Lady Macbeth ihrem Mann vor, sie nicht zu lieben und ein Feigling zu sein, sonst würde er vor einer Bluttat nicht zurückschrecken. Macbeth geht auf diese Vorwürfe nicht weiter ein, erwidert aber, er könne nur so handeln, wie jeder aufrechte Mann handeln würde, etwas Unrechtes wolle er nicht tun. Seine Frau bohrt weiter, indem sie ihm vorwirft, er habe keinen Mut, er sei gar kein Mann. Sie würde sogar eher ihr eigenes Kind umbringen als einen Schwur zu brechen, so wie er es jetzt tue. Durch die konsequente Haltung seiner Frau nun schon fast überzeugt, dass der König beiseite geschafft werden muss, hat Macbeth aber nach wie vor Sorge, dass die Tat misslingen könnte. Lady Macbeth macht ihm klar, dass nichts schief gehen kann. Sie hat folgenden Plan: Die Diener des Königs sollen mit Wein und Punsch betrunken gemacht werden, dann kann man schließlich ihnen die Schuld an der Tat unterschieben. Macbeth ist vom Plan seiner Frau beeindruckt, und nachdem sie ihm versichert hat, niemand werde es wagen, sie beide des Mordes zu verdächtigen, ist er entschlossen zu handeln.

Akt II, Szene 1

Auf Macbeths Burg spricht Banquo mit seinem Sohn Fleance über die dunkle, sternenlose Nacht. Banquo kann nicht schlafen, weil er schlechte Träume hat. Plötzlich bittet er Fleance um sein Schwert, denn er hört jemanden kommen. Es ist aber nur Macbeth, und Banquo wundert sich, dass dieser auch noch nicht schläft. Der König hat der Dienerschaft viele Geschenke gemacht und sich höchst zufrieden über Macbeths Gastfreundschaft bereits zurückgezogen. Auch Lady Macbeth hat als aufmerksame Gastgeberin von Duncan einen Diamanten zugedacht bekommen. Banquo erzählt Macbeth, dass er in der vergangenen Nacht von den drei Hexen geträumt hat. Macbeth behauptet, er denke nicht an sie, aber sie könnten bei Gelegenheit einmal über diese Angelegenheit sprechen. Banquo stimmt dem zu, worauf Macbeth ihm vorschlägt, mit ihm in einer bestimmten Sache zusammenzuarbeiten. Er spielt, ohne dies klar zu sagen, damit auf die Prophezeiungen und den geplanten Königsmord an. Banquo will nur zustimmen, wenn es sich um eine ehrenhafte Angelegenheit handelt.

Als Banquo und Fleance gegangen sind und er alleine ist, sieht Macbeth vor sich in der Luft einen Dolch. Er möchte die Waffe ergreifen, kann dies aber nicht tun, er greift durch sie hindurch. Der Doch gleicht seinem eigenen. Als er Blutstropfen an Griff und Schneide hängen sieht, versteht er, dass die bevorstehende Bluttat zu dieser Halluzination führt. Er ist hoch erregt und fürchtet sich davor, entdeckt zu werden. Trotzdem macht er sich auf, die Mordtat zu vollbringen.

Akt II, Szene 2

Lady Macbeth ist im Schlosshof alleine. Sie ist wegen des bevorstehenden Mordes äußerst nervös. Die Wachen des Königs hat sie mit Wein und Bier betrunken gemacht. Durch den Schrei einer Eule wird sie aus ihren Gedanken aufgeschreckt: Macbeth ist eben dabei, die Tat auszuführen. Plötzlich hört sie ihn in der Kammer des Königs rufen und macht sich Sorgen, die Bedienten könnten aufgewacht, der König noch nicht ermordet sein. Ihre Nervosität steigert sich, und sie sucht sich dadurch zu beruhigen, dass sie sich die Szene im Schlafgemach des Königs vor Augen ruft. Sie hat die Dolche für Macbeth bereitgelegt. Hätte der König im Schlaf nicht ihrem Vater ähnlich gesehen, so hätte sie ihn selbst umgebracht.

Macbeth kommt hinzu, er ist wegen des soeben begangenen Mordes völlig verstört, seine Frau kann ihn aber nicht trösten. Ihr einziger Rat besteht darin, die Hände zu waschen und nicht weiter über diese Tat nachzudenken, um nicht verrückt zu werden. Da bemerkt sie, dass er die Dolche, die ja bei den Bediensteten liegen sollten, mitgebracht hat, und fordert ihn auf, sie zurückzubringen und die Diener mit Blut zu beschmieren, damit der Eindruck entsteht, die Diener seien die Täter. Macbeth aber weigert sich, und so übernimmt die Lady diese Aufgabe. Ein Klopfen am Tor versetzt Macbeth in Angst und er fragt sich, was mit ihm ist, da jedes Geräusch ihn aufschreckt. Er erkennt, dass er von der Schuld, die er in dieser Nacht auf sich geladen hat, nie wieder befreit werden kann, und schon jetzt würde er gerne alles ungeschehen machen.

Akt II, Szene 3

Diese Szene schließt sich unmittelbar an die vorherige an. Das Klopfen am Tor ist weiterhin zu hören. Der Pförtner ist offensichtlich betrunken und vergleicht sich mit dem Pförtner am Höllentor. Als sich das Tor öffnet, kommen Macduff und Lenox herein. Macbeth bringt Macduff zu Duncans Räumen. Auf dem Weg dorthin sprechen sie über die vergangene Nacht, die unruhig war und voller böser Omen: Kamine stürzten vom Dach, angsteinflößende Geräusche waren zu hören, die Erde bebte. Macduff kommt voller Entsetzen über den Königsmord aus Duncans Schlafgemach zurück und weckt den gesamten Hof. Macbeths Betroffenheit über den Tod des Königs ist nicht nur geheuchelt. Er erklärt den Anwesenden, er habe die Diener des Königs mit blutigen Dolchen entdeckt, sie seien Duncans Mörder. Um den König zu rächen, habe er beide in seiner Bestürzung und Wut umgebracht. Lady Macbeth erträgt die Spannung nicht und fällt in Ohnmacht.

Den Söhnen des Königs, Malcolm und Donalbain, kommt die ganze Sache verdächtig vor. Sie fürchten um ihr eigenes Leben und beschließen daher zu fliehen: Malcolm nach England, Donalbain nach Irland. Auch Banquo ist misstrauisch und verlangt eine gründliche Untersuchung der Vorkommnisse.

Akt II, Szene 4

Vor Macbeths Schloss sprechen Ross und Macduff mit einem alten Mann. Noch nie in seinem Leben hat dieser eine so unruhige Nacht erlebt wie die, in der Duncan ermordet wurde. Auch Ross erzählt davon, wie wild Duncans Pferde gewesen seien. Alle diese Vorkommnisse sind unnatürlich, sagt der alte Mann, genauso wie der Mord am König. Sie spekulieren noch über den Grund für den Mord. Macduff kann nicht glauben, dass die beiden Diener des Königs schuld sind, es sei denn, jemand habe sie angestiftet. Macbeth ist mittlerweile schon zum König ernannt und unterwegs nach Scone, um dort gekrönt zu werden.

Akt III, Szene 1

Im königlichen Schloss in Forres denkt Banquo über die Prophezeiungen der Hexen nach und stellt fest, dass sie sich zumindest für Macbeth erfüllt haben, nimmt aber an, dass dieser dabei ein böses Spiel gespielt hat. Er hat jedoch auch nicht vergessen, dass die Hexen seinen Nachfahren die Krone versprochen haben und fragt sich, ob sich diese Prophezeiung auch bewahrheiten wird. Macbeth begrüßt Banquo als den wichtigsten Gast bei dem für den Abend geplanten Fest. Er bittet ihn, von seinem Ausritt, den er mit seinem Sohn Fleance unternehmen will, nicht zu spät zurückzukommen. Malcolm und Donalbain, die Söhne König Duncans, beschuldigt er als die Mörder ihres Vaters. Die beiden seien geflohen, um ihrer Strafe zu entgehen.

Banquo verlässt den Raum, und in einem Selbstgespräch macht Macbeth deutlich, dass er Banquo nicht nur wegen seines noblen Charakters fürchtet, sondern auch, weil dessen Nachfahren die Königswürde prophezeit wurde, Macbeths Krone aber ohne direkten Nachfolger bleiben soll. Aus diesem Grund will er Banquo und seinen Sohn beiseite schaffen lassen.

Zwei Männer werden vorgelassen, die Macbeth zum Mord an Banquo anstiften will. Banquo wird von Macbeth als abgrundtief böse hingestellt und als Gefahr für die Gemeinschaft; man dürfe ihn nicht nach seinem Äußeren beurteilen. Die Männer lassen sich von Macbeth davon überzeugen, dass Banquo ihr Feind ist und willigen ein, ihn sowie auch Fleance zu töten. Macbeth selbst kann Banquo nicht töten, da sie viele gemeinsame Freunde haben.

Akt III, Szene 2

In einem anderen Raum des Schlosses grübelt Lady Macbeth über ihre Situation nach dem Mord an König Duncan nach. Sie erkennt, dass es nichts nützt, sein Ziel erreicht zu haben, wenn man dabei nicht zufrieden sein kann. Es ist besser, der Ermordete zu sein als der Mörder, der in zweifelhafter Freude lebt. Als Macbeth hereinkommt, fragt sie ihn, warum er sich von allen Menschen fern hält. Was getan sei, sei getan und es sei am besten, nicht mehr darüber nachzudenken. Aber Macbeth wird von seinem Gewissen geplagt, zudem weiß er, dass noch nicht alle Schwierigkeiten aus dem Weg geräumt sind. Er spielt damit auf Banquo an, offenbart seiner Frau aber den Mordauftrag nicht, den er erteilt hat. Lady Macbeth bittet ihn, am Abend vor den Gästen gut gelaunt und fröhlich zu erscheinen. Macbeth deutet an, dass noch am Abend eine furchtbare Tat geschehen werde, von der er seiner Frau jetzt noch nichts sagen möchte.

Akt III, Szene 3

In einem Park beim Schloss lauern die beauftragten Männer (ein Dritter wurde ebenfalls von Macbeth genötigt) Banquo und seinem Sohn Fleance auf. Es gelingt ihnen jedoch nur, Banquo zu töten, Fleance kann fliehen und bleibt damit eine Bedrohung für Macbeth.

Akt III, Szene 4

Macbeth und die Lords seines Reiches haben sich im Bankett-Saal des Schlosses versammelt. Macbeth wird zur Tür gerufen, wo einer der Mörder ihm mitteilt, dass Banquo getötet wurde, Fleance aber entkommen konnte. Macbeth hat sein Ziel nicht erreicht und ist daher immer noch beunruhigt.

Um jeden Verdacht, er habe mit Banquos Tod etwas zu tun, von sich zu weisen, erweckt Macbeth den Eindruck, als erwarte er diesen noch immer und beklagt seine Abwesenheit. Als er sich zu Tisch setzen will, sieht er Banquos Geist auf seinem

Stuhl sitzen. Dann wieder glaubt er, völlig verwirrt, jemand der Anwesenden habe Banquos Leichnam gefunden und auf seinen Stuhl gesetzt. Hysterisch herrscht er die Erscheinung an, er habe Banquo nicht ermordet. Lady Macbeth kommt ihrem Mann zu Hilfe und erklärt den Lords, der König habe Anfälle und sei öfter außer sich. Mittlerweile hat Macbeths Halluzination nachgelassen. Er erklärt, er habe eine von Zeit zu Zeit auftretende Schwäche, bittet um Wein und trinkt auf die Gesundheit aller, vor allem auf Banquos Gesundheit. Kaum hat er dies getan, als ihm der Geist wiederum erscheint. Macbeth ist halb wahnsinnig, und Lady Macbeth muss die Gäste, die nun misstrauisch geworden sind, entlassen.

Als er mit seiner Frau allein ist, richten sich Macbeths Gedanken auf Macduff, der sich nicht zum Bankett eingefunden hat und den er als Verräter in Verdacht hat. Da er in den Häusern seiner Adligen Spione hat, weiß er über ihre geheimen Pläne Bescheid.

Um Aufschluss über die Zukunft zu erhalten, beschließt er, die drei Hexen aufzusuchen. Er ist bereit, weitere Bluttaten anzuordnen, um seine persönliche Sicherheit zu gewährleisten.

Akt III, Szene 5

Auf der Heide treffen sich die drei Hexen mit ihrer Oberhexe Hecate, die ihnen Vorwürfe macht, weil sie mit Macbeth Kontakt aufgenommen haben, ohne mit ihr Rücksprache zu halten. Sie sagt ihnen, dass Macbeth am folgenden Tag zu ihnen kommen wird, weil er um Rat fragen will.

Akt III, Szene 6

Im Palast in Forres formiert sich der Widerstand gegen Macbeth. Lennox und andere Adlige unterhalten sich über die Ereignisse seit dem Tod von Duncan, der Ermordung von Banquo und der Flucht von Fleance, Malcolm und Donalbain. Es wird klar, dass sie Macbeths Gewaltherrschaft fürchten. Macduff ist Malcolm an den englischen Königshof gefolgt und hofft, König Edward dazu bewegen zu können, eine Befreiungsarmee nach Schottland zu schicken.

Akt IV, Szene 1

Die drei Hexen sind um ihren Kessel versammelt und kochen aus unheimlichen und Ekel erregenden Zutaten einen magischen Trank. Als Macbeth erscheint, verlangt er von ihnen Antwort auf seine Fragen. Aus dem kochenden Kessel taucht die Erscheinung seines eigenen, behelmten Kopfes auf. Diese Erscheinung teilt ihm mit, er solle sich vor Macduff, dem Thane of Fife, in Acht nehmen. Die zweite Erscheinung, ein blutiges Kind, sagt, dass keiner, der von einer Frau geboren sei, ihm etwas anhaben könne. Die dritte Erscheinung, ein gekröntes Kind, hält einen Baum in der Hand und erklärt, Macbeth werde nicht besiegt werden können, bevor nicht der Wald von Birnam auf den Hügel von Dunsinane emporgestiegen komme.

Macbeth hält sich nun für unbesiegbar. Eine weitere Vision bestätigt ihm allerdings, dass Banquos Nachfahren den Königsthron besteigen werden.

Als Lenox eintrifft und ihm von Macduffs Flucht nach England berichtet, beschließt Macbeth, zur Vergeltung Macduffs Schloss zu überfallen und dessen gesamte Familie töten zu lassen.

Akt IV, Szene 2

In Macduffs Schloss spricht Lady Macduff mit Ross, der ihr erklärt, warum ihr Mann nach England geflohen ist. Ein Bote erscheint, warnt sie vor einer herannahenden Gefahr und rät ihr, die Flucht zu ergreifen. Lady Macduff ist sich jedoch keiner Schuld bewusst und sieht daher keinen Grund zur Flucht. Doch da stürmen schon die von Macbeth beauftragten Mörder herein und bringen ihren Sohn um. Lady Macduff läuft schreiend davon.

Akt IV, Szene 3

Im Palast König Edwards von England versucht Malcolm herauszufinden, ob er Macduff, der erst vor kurzem aus Schottland gekommen ist, vertrauen kann. In Schottland herrscht Macbeths Terrorregime, jeden Tag werden dort Menschen ermordet. Macduff äußert seinen Wunsch, für sein Land und gegen die Tyrannei von Macbeth zu kämpfen, aber Malcolm gibt vor, ihm nicht alles, was er über die Lage in Schottland erzählt, glauben zu können. Malcolm befindet sich in England im Exil, er ist der Anführer des Widerstandes gegen Macbeth. Sein Misstrauen ist groß, denn Macduff könnte einer von Macbeths Spionen sein. Malcolm stellt daher Macduffs Treue auf die Probe, indem er sich selbst als Verräter ausgibt und ist schließlich von seiner Loyalität überzeugt. Er verspricht ihm volle Unterstützung beim Kampf gegen Macbeths Unterdrückung. Auch König Edward von England hat schon zehntausend Soldaten für den Befreiungskampf bereitgestellt. Ross bringt neue Unglücksbotschaften aus Schottland: Die Lage ist schlimmer denn je. Leid, Zerstörung und Tod sind dort an der Tagesordnung, Macduffs gesamte Familie wurde von Macbeths Schergen ermordet. Macduffs Schmerz über den Verlust seiner Angehörigen wandelt sich schnell in ein Verlangen nach Rache; er möchte Macbeth im Kampf töten.

Alle machen sich auf, um mit den bereitstehenden Truppen gegen Macbeth zu ziehen.

Akt V, Szene 1

Ein Arzt und die Kammerfrau der Lady unterhalten sich über Lady Macbeths schlechten Gesundheitszustand: Sie ist krank an Körper und Seele. In diesem Augenblick kommt die Lady schlafwandelnd herein, in der Hand eine Kerze, die immer neben ihrem Bett brennen muss. Im Schlaf wiederholt sie Bruchstücke dessen, was sie vor und während dem Mord an König Duncan gesagt hat und erinnert sich an Ereignisse, die seit diesem Mord geschehen sind, wie z. B. das Schicksal der Familie Macduff. Es wird deutlich, wie sehr sie Tag und Nacht unter ihrer Schuld leidet. Der Doktor ist erschüttert, er hat erkannt, was hinter Lady Macbeths Schlafwandeln steckt, kann aber dieses Leiden nicht heilen.

Akt V, Szene 2

Die schottischen Adligen Menteth, Cathness, Angus und Lenox befinden sich mit ihren Soldaten nahe Dunsinane. Die englischen Truppen, angeführt von Malcolm, Siward und Macduff, sind auch schon in der Nähe. Die Truppen werden beim Wald von Birnam zusammentreffen. Macbeth ist unterdessen dabei, sein Schloss zu befestigen, um den herannahenden Truppen standzuhalten. Doch die, die ihn verteidigen sollen, tun dies nur auf Befehl und weil sie Angst haben, nicht aus innerer Überzeugung.

Akt V, Szene 3

In seinem Schloss fühlt Macbeth sich sicher: Bevor nicht der Wald von Birnam auf Dunsinane zumarschiert, so haben es ihm die Hexen prophezeit, braucht er nichts zu befürchten. Auch vor Malcolm hat er keine Angst, da keiner, der von einer Frau geboren ist, ihm schaden kann. Die Nachricht, dass zehntausend Soldaten die Burg belagern, lässt ihn aber darüber nachdenken, ob ein Angriff dieser Truppen ihn nicht vielleicht doch vom Thron stürzen kann. Es ist ihm klar, dass seine Leute nur gezwungenermaßen, nicht aus Sympathie für ihn an seiner Seite stehen. Dennoch will er so lange wie möglich kämpfen.

Macbeth erkundigt sich beim Arzt, wie es der Lady geht. Dieser kann nur sagen, dass die Patientin die schweren Gedanken, die sie plagen, selbst unter Kontrolle bringen muss, kein Arzt kann ihr dafür ein Gegenmittel geben.

Akt V, Szene 4

Nahe dem Wald von Birnam vereinigen sich die schottischen und die englischen Truppen. Jetzt zeigt sich, dass die dritte Prophezeiung der Hexen Macbeth in die Irre geführt hat, denn Malcolm gibt Befehl, jeder Soldat solle sich einen Ast von den Bäumen abschlagen und diesen vor sich hertragen, um so die Größe des Heeres vor dem Feind zu verbergen. Der Wald von Birnam steigt auf diese Weise zum Schloss auf.

Akt V, Szene 5

Macbeth erhält von Seyton die Nachricht, dass seine Frau, Lady Macbeth, gerade gestorben sei. Dann teilt ihm ein Bote mit, dass der Wald von Birnam sich auf Dunsinane zubewege.

Akt V, Szene 6

Vor dem Schloss gibt Malcolm seinen Soldaten den Befehl, die Äste niederzulegen und sich zum Angriff bereitzuhalten.

Akt V, Szene 7

Auf dem Schlachtfeld vor dem Schloss ist Macbeth nach wie vor überzeugt, dass kein von einer Frau geborener Mann ihm das Leben nehmen kann. Der junge Siward trifft auf Macbeth und wird von ihm im Kampf getötet. Macbeth glaubt nun mehr denn je an seine Unverwundbarkeit. Mittlerweile ist Macduff auf der Suche nach Macbeth, um ihn zu töten.

Malcolm und der alte Siward unterhalten sich darüber, dass mehr und mehr von Macbeths Leuten ihn verlassen und an der Seite der Befreier gegen den Tyrannen kämpfen.

Akt V, Szene 8

Macbeth und Macduff treffen aufeinander. Macbeth lässt Macduff wissen, dass er unverwundbar sei, da niemand, der von einer Frau geboren sei, ihn verletzen könne. Da erwidert Macduff, dass er vor der Geburt aus dem Mutterleib herausgeschnitten wurde. Macbeth erkennt jetzt, dass die Hexen ihn irregeführt haben. Er möchte den Kampf beenden, aber Macduff führt ihm vor Augen, welches Schicksal ihn dann erwarten wird: Man wird ihn vor der Welt wie ein Monster zur Schau stellen. So kämpft er weiter, bis er von Macduff getötet wird.

Akt V, Szene 9

Malcolm, der alte Siward, Ross und ihre Armee betreten das Schloss als Sieger. Macduff kommt mit Macbeths abgeschlagenem Kopf hinzu und begrüßt Malcolm als den neuen König von Schottland. Die Adligen stimmen in den Hochruf auf den König ein, und Malcolm kündigt an, dass die „Thanes" zu „Earls" erhoben werden sollen; alles andere, was noch zu tun bleibt, soll Schritt für Schritt erledigt werden. Malcolm dankt allen und lädt sie ein zu seiner Krönung nach Scone.

Textanalyse und Interpretation

1 Charakterisierung der Personen

Macbeth und Lady Macbeth sind die Hauptpersonen des Stückes: Sie stehen im Mittelpunkt der Handlung und geben ihrerseits wesentliche Impulse für deren Voranschreiten. Die anderen Figuren des Dramas bleiben dagegen schattenhaft, wobei Banquo, der zusammen mit Macbeth die erste Prophezeiung der Hexen erlebt, noch am deutlichsten charakterisiert ist.

Macbeth

Macbeth ist ein in sich höchst widersprüchlicher Charakter. Zunächst erscheint er dem König treu ergeben, schreckt dann aber nicht davor zurück, ihn zu töten, als sich die Gelegenheit dazu ergibt. Seinen besten Freund Banquo opfert er ebenfalls seiner unbezwingbaren Machtgier. Trotzdem ist sein Gewissen so stark, dass seine Taten ihn verfolgen und foltern ("To know my deed, 'twere best not know myself." II, 3, 72). Sogar schon bevor er den Mord am König begeht, wird er vom Gedanken an seine künftige Schuld heimgesucht.

Zu Beginn des Stückes gilt Macbeth als tapferer und loyaler Heerführer und Untertan seines Königs. Ihm werden wegen seiner Verdienste hohe Ehren zuteil. Wie kommt es, dass er sich aus einer geachteten Position heraus zu einem gewissenlosen Mörder entwickelt?

Sein Abstieg beginnt mit der Prophezeiung der Hexen, die ihm die Königswürde in Aussicht stellen. Es ist aber nicht die Prophezeiung an sich, die ihn schließlich ins Unglück stürzt, sondern seine Reaktion darauf. Macbeth handelt aktiv, um König zu werden, obwohl er weiß, dass er damit Unrecht begeht. Er hat die Möglichkeit der Wahl zwischen Gut und Böse, und er wählt den bösen Weg. "Fair is foul and foul is fair" (I, 1, 11), so lautet das Motto des Stückes, vorgetragen von den Hexen in der ersten Szene. Dieses Motto beschreibt auch Macbeths Verhalten: Er kann zwischen „fair" und „foul" nicht unterscheiden und wendet sich in die falsche Richtung. Sein Charakterfehler besteht darin, dass er der Versuchung, König zu werden, nicht widerstehen kann ("Glamis, and Thane of Cawdor: / The greatest is behind." I, 3, 116/117). Alle anderen Katastrophen ergeben sich dann als Folgen seines ersten verhängnisvollen Fehlers.

Diesen Fehler begeht er allerdings nicht alleine und nicht nur aus eigenem Entschluss. Die Rolle seiner Frau darf hierbei nicht unterschätzt werden. Als Macbeth sich schon dazu entschlossen hat, auf dem rechten Weg zu bleiben, tritt sie auf den Plan und bringt ihn durch ihre Überredungskunst soweit, seine Bedenken beiseite zu stellen.

Shakespeare zeigt uns einen Charakter, der nicht nur einseitig böse ist, sondern wir sehen in Macbeth verschiedene Seiten eines Menschen miteinander kämpfen, bis schließlich der Ehrgeiz das Gewissen besiegt.

Nach dem Mord stellt sich die erwartete Genugtuung über die Königswürde nicht ein. Macbeth fühlt sich zunehmend unsicher und wird daher zu neuen Morden und Unrechtstaten getrieben ("O! full of scorpions is my mind..." III, 2, 36). Da er seiner Frau nicht mitteilen will oder kann, welche Untaten er ins Werk setzt, entfernen sich die beiden Ehepartner mehr und mehr voneinander und vereinsamen.

Nach der zweiten Prophezeiung wähnt Macbeth sich sicher – eine trügerische Sicherheit, denn wiederum wird er von den Mächten des Bösen getäuscht. Auch hier ist die Prophezeiung zweideutig wie beim ersten Mal, als ihm die Königswürde verheißen wurde.

Als Lady Macbeth stirbt, ist Macbeths Gewissen, ist seine Fähigkeit, Trauer zu empfinden, so weit verkümmert, dass er nur noch über die Sinnlosigkeit des Lebens reflektieren kann ("life's but a walking shadow; a poor player, / that struts and frets his hour upon the stage, / And then is heard no more: it is a tale / Told by an idiot, full of sand and fury, / Signifying nothing." V, 5, 24–28).

Macbeth II. Radierung von Wilhelm Lehmburck, 1918

Erst am Schluss des Stückes wird er noch einmal als Kämpfer vorgeführt, der sich nicht fürchtet, sondern sich bis zuletzt verteidigt.

Zu Beginn der Handlung ein vielversprechender, tapferer, loyaler Offizier, ein Mann, der die Fähigkeit hat, Großes zu vollbringen, ist Macbeth am Ende des Dramas einer, der alles verloren hat, weil er den falschen Weg gegangen ist.

Lady Macbeth

Ohne Lady Macbeths Vorwürfe und den Druck, den sie ausübt, hätte Macbeth den Mord an König Duncan wohl nicht begangen. Sie scheint angefüllt mit schrecklichster Grausamkeit, aber bevor sie in der Lage ist, die entsetzliche Tat zu planen, benötigt sie die Hilfe aller bösen Mächte, um ihre Weiblichkeit in sich abzutöten ("Come, you Spirits / That tend on mortal thoughts, unsex me here, / And fill me, from the crown to the toe, top-full / Of direst cruelty!" I, 5, 38–41). Erst dann ist sie bereit, ihren Mann zum Mord anzuspornen, seine Männlichkeit in Frage zu stellen, als er davor zurückschreckt. Shakespeare verdeutlicht ihre Grausamkeit durch ihre Aussage, dass sie sogar ihr eigenes Kind töten würde, wenn dadurch das höchste Ziel, die Königswürde, erreicht werden könnte. So pervertiert sich ihre Liebe zu ihrem Mann und ihre Achtung vor ihm durch ihren Ehrgeiz, ihm höchste Würden zu verschaffen. Sie wird zur Planerin des Mordes. Die große Verlockung des Aufstiegs macht sie völlig blind gegenüber der Frage nach Recht und Unrecht ihrer Handlung, lässt sie glauben, ein Mord habe keine Konsequenzen ("A little water clears us of this deed: / How easy is it then!" II, 2, 66/67).

Die Ironie liegt darin, dass Lady Macbeths Wunsch, ihren Mann und sich selbst an der Spitze der Gesellschaft zu sehen, zwar in Erfüllung geht, aber letztlich den Untergang besiegelt. Lady Macbeth, die mit so großer Sicherheit den Plan für die gemeinsame Zukunft entworfen hatte, kommt nach der Tat nicht mehr zur Ruhe. Sie verzagt immer mehr, bis sie zum Schluss ganz verzweifelt. In der Schlafwandelszene tritt uns eine völlig gebrochene, von Gewissensbissen und ihrer Schuld zermarterte Frau entgegen, die nur noch ein Schatten ihrer selbst ist ("Here's the smell of the blood still: all the perfumes of Arabia will not sweeten this little hand. Oh! oh! oh!" V, 1, 44–46). Dadurch wird aber schließlich auch noch einmal sichtbar, dass sie nicht einfach eine kalt über Leichen hinweggehende Mörderin ist, sondern eigentlich eine Frau mit weiblichen Gefühlen, die sie unterdrückt, die sich aber Raum schaffen und an deren Leugnung sie letztlich zerbricht.

Banquo

Ebenso wie Macbeth zu Beginn der Handlung ist Banquo ein loyaler Soldat. Seine Loyalität kann allerdings durch nichts angefochten werden. Die Prophezeiungen der Hexen tut er ab. Er erkennt, dass es sich dabei um böse Einflüsterungen handelt, die zum Verderben führen ("The instruments of Darkness tell us truths; / Win us with honest trifles, to betray's / In deepest consequence." I, 3, 124/125). Auch als Macbeth mit ihm über die Prophezeiungen sprechen will, sagt er, er wolle dies schon tun, solange seine Treue zum König nicht tangiert werde. Er ist in keiner Weise durch Versprechungen oder Einflüsterungen von außen von seinem geraden Weg abzubringen. Insofern bildet er charakterlich einen vollkommenen Gegensatz zu Macbeth.

Banquo wird von Shakespeare durchweg positiv dargestellt, gilt er doch als Vorfahr des ab 1603 England regierenden James I.

Duncan

Duncan ist als guter, großzügiger und freundlicher König dargestellt. Er wird von allen hoch geschätzt, auch Macbeth preist seine Tugenden. Er macht aber auch große Fehler, denn er gibt dem verräterischen Thane of Cawdor zu viel Macht und bringt ihm zu viel Vertrauen entgegen ("There's no art / To find the mind's construction in the face ..." I, 4, 10/11). Denselben Fehler wiederholt er Macbeth gegenüber. Es erscheint auch nicht als klug, dass er Malcolm zum Nachfolger bestimmt in einem Augenblick, als er Macbeth gegenüber zu großem Dank verpflichtet ist. Macbeths Loyalität ihm gegenüber wird dadurch untergraben, seine Position als König wird geschwächt.

Duncan erscheint mit seinen Vorzügen und Schwächen als eine vielschichtige Persönlichkeit.

Malcolm

Malcolm ist der Vertreter der Ordnung, die Macbeth zerstört. Er wird von seinem Vater zum „Prince of Cumberland" ernannt und ist somit Thronfolger. Als sein Vater getötet wird, erkennt er die Zeichen der Zeit und flieht aus Schottland, um in England auf die Chance zu warten, seinen Anspruch auf den Thron durchsetzen zu können. Als er mit Macduff zusammentrifft, prüft er diesen zuerst auf seine Loyalität hin, bevor er ihm Vertrauen entgegenbringt. Am Ende des Dramas erweist er sich als kluger Mann, indem er zuerst allen, die ihm im Kampf gegen Macbeth geholfen haben, seinen Dank erweist, bevor er sich krönen lässt.

Macduff

Macduff ist Macbeths wichtigster Gegner. Er ist es, der Macbeth schließlich tötet. Er hat gleich nach dem Mord am König Verdacht geschöpft, weshalb er auch nicht an Macbeths Krönung teilnimmt. Ebenso wenig erscheint er auf dem von Macbeth ausgerichteten Fest, sondern setzt sich nach England ab, um sich dort dem Widerstand unter Malcolm anzuschließen. Er trachtet jedoch nicht danach, seine eigene Macht zu vergrößern; ihm geht es um die Wiederherstellung der rechten Ordnung im Königreich. Die Nachricht vom Tod seiner Familie nimmt er als Schicksalsschlag an, verzweifelt aber nicht daran, sondern richtet seinen ganzen Mut auf sein nun verbliebenes Ziel, Macbeth zu töten.

Die Hexen

Zu Shakespeares Lebzeiten akzeptierte man die Existenz von Hexen als Selbstverständlichkeit. Allgemein nahm man an, dass sie ihre magischen Kräfte besaßen, weil sie ihre Seele an den Teufel verkauft hatten. Sie galten daher als Verkörperung des Bösen, als Teil des teuflischen Verblendungswerks, mit dessen Hilfe Menschen ins Verderben geführt wurden. Außerdem waren sie zuständig für schlechtes Wetter und andere üble, dem Menschen schädliche Machenschaften.

Einem Publikum zu Shakespeares Zeiten wurde durch den Auftritt der Hexen signalisiert, dass etwas Böses seinen Gang nahm. So schafft die erste Szene des Dramas die Atmosphäre, die sich dann durch das gesamte Stück hindurchzieht (“Fair is foul, and foul is fair …” I, 1, 11).

Ein heutiges Publikum wird unter Umständen die Hexen als die nach außen gewandten schlechten Gedanken und Begierden Macbeths werten. So gesehen wäre der Auftritt der Hexen ein Kunstgriff, der es dem Autor ermöglicht, innere Vorgänge der Hauptperson bühnenwirksam darstellen zu können.

2 Form und Aufbau

Macbeth und die klassische Dramenform

Für seine Dramenproduktion nutzte Shakespeare Muster und Vorbilder, die um 1600 allgemein gängig waren und auch von anderen Autoren angewandt wurden. Bis zur Renaissance gab es in England verschiedene Formen des Dramas, man unterscheidet „**miracle plays**“ (dramatisierte biblische Geschichten), auch „**mystery plays**“ genannt, und „**morality plays**“ (personifizierte Tugenden und Laster kämpfen um die Seele des Menschen). Aufgabe der „morality plays“ war es, die Menschen moralisch zu belehren, während die „mysteries“ auf religiöse

Belehrung abzielten. „Mysteries" und „moralities" wurden ursprünglich von Priestern in der Kirche aufgeführt. Sie bewegten sich aber im Laufe der Zeit aus der Kirche hinaus in den öffentlichen Raum, wobei auch Laien die Rollen übernahmen. Zur Auflockerung enthielten die beiden dramatischen Arten jeweils komische Episoden, die sich im Laufe der Zeit zu eigenständigen Einaktern entwickelten, den „**interludes**". Der Einfluss dieser Vorbilder ist in Shakespeares *Macbeth* noch zu spüren. Wenn wir sehen, wie gute und böse Vorsätze und Gedanken in Macbeth um die Vorherrschaft kämpfen, dann denken wir an die Kämpfe der Tugenden und Laster um die Seele des Menschen in den „morality plays". Die „porter-scene" (II, 3) erinnert in ihrer Mischung von Ironie, Ernst und Komik an ein mittelalterliches Interlude.

Mit der Renaissance kam auch in England das **Interesse an klassischen griechischen und römischen Dramen** wieder auf. Die Komödien von Plautus und die Tragödien von Seneca wurden im Original und in Übersetzungen bekannt gemacht und hatten großen Einfluss auf das neu entstehende Drama der elisabethanischen Zeit, das sogenannte „**new drama**".

Die Entwicklung der elisabethanischen Tragödie erfolgte vor allem unter dem Einfluss **Senecas** (ca. 4 v. Chr. bis 65 n. Chr.). Besonders die **Rachetragödie** nimmt sich Senecas Tragödien zum Vorbild, deren hauptsächlicher Inhalt sich in Mord, Rache, Geistererscheinungen, Verstümmelungen und fürchterlichen Blutbädern erschöpft. Bei Seneca werden solche Szenen nicht auf der Bühne dargestellt, sondern von Boten berichtet. Elisabethanische Autoren wie Thomas Kyd und Christopher Marlowe hingegen brachten solche Aktionen oft auf die Bühne, um die Sensationsgier der Zuschauer zu befriedigen. Auch Shakespeare verfuhr in seinem frühen Stück *Titus Andronicus* auf diese Weise, wohingegen wir bei *Macbeth* nur noch eine Geistererscheinung direkt auf der Bühne erleben. Shakespeare verdankt

Seneca vor allem in seinem Frühwerk viele Anregungen, aber auch noch in *Macbeth* ist sein Einfluss spürbar.

Die Entwicklung des „new drama“, das Elemente des „interlude“ und der klassischen Dramen verband, ist untrennbar mit dem Namen eines der großen Zeitgenossen Shakespeares verbunden, **Christopher Marlowe** (1564–1593). Seine dramatischen Meisterwerke *(Tamburlaine the Great, Dr. Faustus, The Jew of Malta)* schrieb er in Blankvers, dessen Verwendung er perfektionierte. Ob Marlowe Shakespeare direkt beeinflusst hat, ist umstritten. Vergleichbare Szenen und Anspielungen in ihren Werken machen jedoch deutlich, dass jeder der beiden Kenntnis vom Werk des anderen hatte.

Den Schriftstellern der Renaissance war über die Kenntnis klassischer Tragödien auch **Aristoteles' Definition** dieser Dramengattung bekannt. Er definierte Tragödie als ernste, große, in sich selbst abgeschlossene Handlung, die beim Zuschauer Furcht und Mitleid erregt und dadurch bei ihm eine Reinigung (Katharsis) von eben diesen Gefühlen hervorruft. Der tragische Held darf weder vollkommen gut noch vollkommen böse sein, er muss gute und schlechte Eigenschaften in sich vereinen und moralisch möglichst hoch stehend sein, dann ruft sein Schicksal beim Zuschauer am ehesten Furcht und Mitleid hervor. Die Tragödie nimmt ihren Lauf, wenn ein solcher Mensch durch einen tragischen Irrtum (selbstverschuldet oder schuldlos) vom Glück ins Unglück gestürzt wird. Was Form und Inhalt anbelangt, so fordert Aristoteles die Einhaltung der **drei Einheiten:** der Einheit der **Handlung** (nur ein Handlungsstrang, keine Nebenhandlungen), des **Ortes** (das Drama darf an nur einem Ort stattfinden, ein Ortswechsel ist nicht zulässig) und der **Zeit** (Spielzeit des Dramas = (in etwa) gespielte Zeit, d. h. die Handlung darf nur einen Sonnentag dauern).

Die Unterschiede zu *Macbeth* liegen auf der Hand. Macbeth ist nicht der gute Mensch, der einem tragischen Irrtum unterliegt, er ist von Ehrgeiz zerfressen und trifft wissentlich Entscheidungen, die zu bösen Taten führen. Zwar verliert er unsere Sympathie nicht gänzlich, aber er verdient den Tod durch seinen moralisch einwandfreien Gegenspieler Malcolm.

Auch was die drei Einheiten angeht, bleibt Shakespeare von den Vorgaben des Aristoteles unabhängig. Es gibt einen durchgehenden Handlungsstrang, aber die Orte der Handlung sind zahlreich und die innere Zeit (gespielte Zeit) des Dramas beträgt zumindest einige Wochen.

Shakespeares Dramen beziehen ihre Wirkung weniger aus der Einhaltung einer starren, vorgegebenen Form bezüglich der Handlungsführung, es geht viel eher darum, eine wohlkalkulierte Wirkung zu erzielen und das Publikum nicht nur zu belehren, sondern auch zu unterhalten. Die Stücke mussten sich finanziell lohnen, heute würde man sagen, sie sollten Kassenschlager sein, denn Shakespeare war mit seiner Truppe auf die Einnahmen angewiesen. Um dieses Ziel zu erreichen, waren Flexibilität und Rücksicht auf den Geschmack und die Erwartungen der Zuschauer nötig. Um durchschnittlich etwa 1 000 Besucher pro Aufführung anzulocken, mussten sich Menschen aus verschiedenen Schichten der Bevölkerung für die Stücke interessieren. Zum Theaterpublikum gehörten Angehörige des Hochadels genauso wie einfache Bürger, Jugendliche, Studenten und Lehrlinge. Oft besuchten ganze Familien zusammen eine Theateraufführung, und für viele Menschen war dies auch die einzige Möglichkeit, Literatur kennenzulernen, weil nur die wenigsten lesen und schreiben konnten.

Der Aufbau des Dramas

Macbeth ist, wie alle Dramen Shakespeares, in fünf Akte unterteilt: Einer Exposition im ersten Akt (Prophezeiungen, Ernennung Malcolms zum Thronfolger) folgt die Phase der Entwicklung des Konflikts (Willenskampf Macbeth/Lady Macbeth, Mord am König). Im dritten Akt erreicht die politische Unordnung ihren Höhepunkt (Mord an Banquo, Bankett-Szene). Dann formiert sich die vorher erfolglose Gegenbewegung neu (Macduff bei Malcolm am englischen Hof) und kann sich im fünften Akt durchsetzen (Macbeths Tod).

Die steigende und die fallende Handlung teilen das Drama in zwei Teile: Im ersten Teil steigt Macbeth auf bis zu seinem Mord an Banquo. Bis zu diesem Zeitpunkt scheint es so, als ob er mit seinen Untaten unbehelligt davonkommen könnte. Doch dann, mitten im dritten Akt, wendet sich sein Schicksal. Das Erscheinen von Banquos Geist in der Bankett-Szene (III, 4) markiert diesen Umschwung. Ab diesem Zeitpunkt werden Macbeth und auch seine Frau von zwei Seiten aus angegriffen. Es formiert sich Widerstand gegen den Usurpator von außen. Die schottischen Lords haben Verdacht geschöpft, und eine Armee wird aufgestellt, um seinem Unrechtsregime ein Ende zu bereiten. Aber auch von innen heraus, von ihrem Gewissen, werden die beiden unter Druck gesetzt. Ihr Leben ist nicht mehr lebenswert. Sie können nicht mehr schlafen, sie können ihre neue Würde nicht genießen, sie leben mit dem Wissen um ihre Untaten und dadurch werden sie innerlich zerstört.

Die beiden Hauptpersonen machen dabei eine jeweils entgegengesetzte Entwicklung durch. Zuerst ist Lady Macbeth die starke, durchsetzungsfähige Partnerin ihres Mannes. Sie überredet ihn zum Mord, sie hat den Plan für das Vorgehen parat ("... you shall put / This night's great business into my dispatch; / Which shall to all our nights and days to come / Give solely sovereign sway and masterdom." I, 5, 65–68). Sie bleibt in ihrer starken Position bis zur Bankett-Szene. Danach sehen wir sie erst wieder als psychisch gebrochene Frau in der Schlafwandel-Szene (V, 1). Zuletzt erfahren wir von ihrem Selbstmord (V, 5). Macbeth hingegen ist am Anfang noch der Zögernde, der nicht handeln, sondern abwarten will, was das Schicksal ihm bringt ("We will proceed no further in this business ..." I, 7, 31). In der Dolch-Szene, vor dem Mord am König (II, 1), hat er vor Furcht und Aufregung Visionen. Im Laufe der Zeit jedoch fällt ihm das

Morden immer leichter ("I am in blood / Stepp'd in so far, that, should I wade no more, / Returning were as tedious as go o'er." III, 4, 135–37). Als seine Frau schon zusammengebrochen ist, fühlt er sich stärker denn je und ist entschlossen, bis zum Ende zu kämpfen.

Die Hexen erfüllen innerhalb des Spannungsaufbaus eine wichtige Funktion. Am Beginn des Stückes bringen sie die Handlung in Gang und machen durch ihre Prophezeiungen Macbeths Aufstieg möglich. Im vierten Akt treten sie wieder auf. Die Szene entspricht der am Beginn des Dramas. Aber diesmal stoßen die Hexen die Handlung in die entgegengesetzte Richtung an. Macbeths Verderben beginnt mit den zweiten Prophezeiungen.

Zum Zeitpunkt dieser Prophezeiungen hat der Zuschauer bereits verstanden, dass die Hexen Macbeths Lebensweg nicht mehr zum Positiven wenden werden. Macbeth selbst ist sich dieser Tatsache jedoch keineswegs bewusst.

In solchen Fällen, in denen der Zuschauer (beim Roman der Leser) mehr über die Gegenwart oder über die Zukunft einer Person weiß als diese Person selbst, sprechen wir von **„dramatic irony"**. Die Person handelt bezüglich ihrer momentanen oder zukünftigen Situation völlig unangemessen oder sie sagt Dinge, die zwar richtig sind, aber in einer ganz anderen Art als sie es meint. Beispiele für dramatic irony finden sich immer wieder im Drama, z. B. in Akt I, Szene 6. König Duncan nähert sich Macbeths Schloss und sagt: "This castle hath a pleasant seat; the air / Nimbly and sweetly recommends itself / Unto our gentle senses." (I, 6, 1/2) Duncan beschreibt damit den Ort, an dem er ermordet werden wird, auch wird seine mangelnde Menschenkenntnis und seine Vertrauensseligkeit hier noch einmal deutlich, die ihn schon den verräterischen Thane of Cawdor und als seinen Nachfolger Macbeth hat auswählen lassen (Duncan: "There's no art / To find the mind's construction in the face" I, 4, 11/12). Der Zuschauer weiß auch hier mehr als er, er erinnert sich an das „fair is foul“ der Hexen und kennt die Absprachen, die Lady Macbeth mit ihrem Mann schon getroffen hat.

Es gibt Stellen im Drama, an denen es zur Unterbrechung des Spannungsbogens, zur Auflockerung oder auch einfach zur Unterhaltung günstig oder sogar notwendig ist, den Gang der Handlung anzuhalten.

Um diese Ziele zu erreichen, werden komische Charaktere, Szenen oder Reden in ein ernstes oder tragisches (dramatisches) Werk eingeführt. In der elisabethanischen Tragödie waren solche Szenen an der Tagesordnung. Manchmal handelt es sich dabei nur um kurze Episoden, manchmal aber auch um gesamte Szenen, die zum Handlungsverlauf gehören. In *Macbeth* sehen wir eine solche Szene direkt nach dem Mord am König, in der Pförtner-Szene (II, 3). Durch den vollkommenen Kontrast zur vorangegangenen Szene wird deren tragische Bedeutung noch verstärkt.

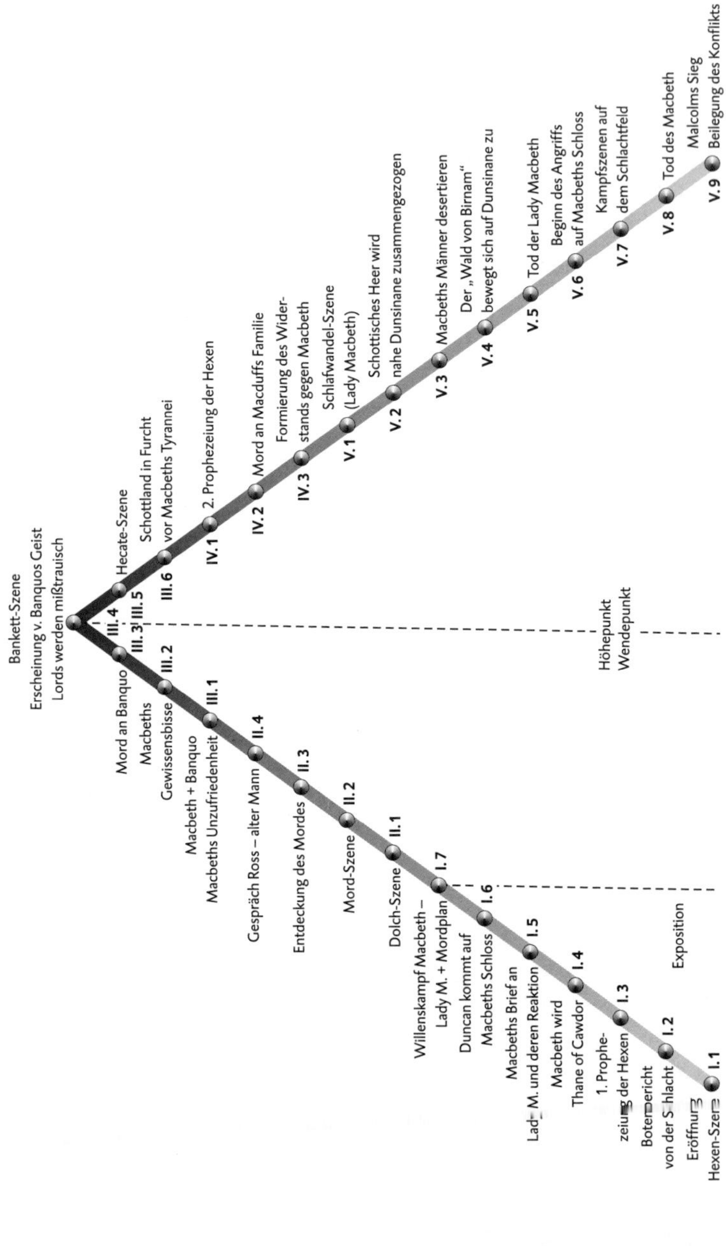
Hexen-Szene
Eröffnung
I.1
Botenbericht
von der Schlacht
I.2
1. Prophezeiung der Hexen
I.3
Macbeth wird
Thane of Cawdor
I.4
Macbeths Brief an
Lady M. und deren Reaktion
I.5
Duncan kommt auf
Macbeths Schloss
I.6
Willenskampf Macbeth –
Lady M. + Mordplan
I.7
Dolch-Szene
II.1
Mord-Szene
II.2
Entdeckung des Mordes
II.3
Gespräch Ross – alter Mann
II.4
Macbeth + Banquo
Macbeths Unzufriedenheit
III.1
Macbeths
Gewissensbisse
III.2
Mord an Banquo
III.3
Bankett-Szene
Erscheinung v. Banquos Geist
Lords werden mißtrauisch
III.4
Hecate-Szene
III.5
Schottland in Furcht
vor Macbeths Tyrannei
III.6
2. Prophezeiung der Hexen
IV.1
Mord an Macduffs Familie
IV.2
Formierung des Widerstands gegen Macbeth
IV.3
Schlafwandel-Szene
(Lady Macbeth)
V.1
Schottisches Heer wird
nahe Dunsinane zusammengezogen
V.2
Macbeths Männer desertieren
V.3
Der „Wald von Birnam"
bewegt sich auf Dunsinane zu
V.4
Tod der Lady Macbeth
V.5
Beginn des Angriffs
auf Macbeths Schloss
V.6
Kampfszenen auf
dem Schlachtfeld
V.7
Tod des Macbeth
V.8
Malcolms Sieg
Beilegung des Konflikts
V.9
Exposition
Höhepunkt
Wendepunkt

Die Monologe in *Macbeth*

Bei *Macbeth* handelt es sich um ein Drama, dessen Handlung nicht so sehr von äußeren Gegebenheiten angetrieben wird, die wesentlichen Impulse kommen aus dem Inneren der handelnden Personen. Der Ablauf der Handlung ist hauptsächlich auf die beiden Hauptpersonen bezogen, d. h., sie spielt sich in weiten Teilen in deren Gedanken ab oder wird im Wesentlichen gedanklich vorbereitet. Es geht immer wieder um den Wunsch nach der absoluten Macht, die Vorbereitungen zum Mord am König und vor allem die Reaktionen nach der Tat (Beispiele: I, 3, 127–142; IV, 1, 144–155; V, 5, 17–28). Shakespeare wählt die Form des Monologs, um dem Zuschauer all dies zu verdeutlichen.

Ein Monolog ist eine längere Rede von nur einer Person. Wird er dazu benützt, die innersten, privatesten Gedanken einer Dramenfigur auszudrücken, wobei diese zu sich selbst oder zu den Zuschauern spricht, nicht aber zu anderen Personen, so nennt man dies im Englischen „soliloquy" („Beiseitesprechen"). Shakespeare lässt Macbeth und die Lady sehr oft solche Monologe sprechen, um dem Zuschauer immer wieder deutlich zu machen, welche Gedanken diese beiden Personen beschäftigen.

Natürlich bietet auch ein Dialog die Möglichkeit, dem Zuschauer geheime Gedanken einer Person mitzuteilen. Shakespeare verzichtet aber wohl deswegen häufig auf den Dialog, weil bei diesem Mittel eine Person sich einer anderen öffnen muss, ihr eventuell nicht die ganze Wahrheit mitteilen würde. Beim Monolog hört der Zuschauer der sprechenden Dramenfigur viel intensiver zu, er hat sogar den Eindruck, direkt an ihren Gedankengängen teilzuhaben. Er wird sozusagen intimer Zeuge der vorgetragenen Gedanken und Gefühle, so als ob er ungefilterten Einblick in die innersten Sphären einer Person nehmen könnte. Dass dabei der Sprecher die unbedingte Wahrheit sagt, auch Dinge mitteilt, die ein Mensch nie einem anderen offenbaren würde, gehört zur Bühnenkonvention, d. h. diese Regel ist allgemein so festgelegt und dem Zuschauer bekannt.

3 Motive

Schein und Sein

Das Motto des Dramas, so wie die Hexen es bereits in der ersten Szene vortragen, ist mit Bedacht gewählt: “Fair is foul, and foul is fair”. Es handelt sich dabei um das Problem von Schein und Sein. Sehr viele Vorkommnisse und auch einige der Personen im Drama sind nicht das, was sie zu sein scheinen: Sie machen nach außen hin einen anderen Eindruck als es ihrem wahren, inneren Wesen entspricht. Das äußere Bild kann ein falsches, ein Trugbild sein, das wahre Bild muss sowohl vom Zuschauer wie auch von den im Drama handelnden Personen erst erkannt werden. Der Zuschauer muss sich Klarheit über den Charakter der Personen im Drama verschaffen. Er muss daher die Handlung genau beobachten und seine Schlüsse ziehen. Dabei hat er es einfacher als die in das Dramengeschehen verstrickten Personen, da er durch die Monologe die wahren Gefühle einer Person kennt.

Besonders die beiden Hauptpersonen, **Macbeth und seine Frau**, sind nicht leicht zu durchschauen. Macbeth scheint der loyale Untertan seines Königs zu sein, der dessen Macht sichert, indem er in zwei Schlachten siegreich bleibt. Doch in Wirklichkeit nagt in ihm ein unbezwingbarer Ehrgeiz (“I have no spur / To prick the sides of my intent, but only / Vaulting ambition …” I, 7, 25–27), er hat Mordgedanken dem König gegenüber und bringt ihn schließlich auch um.

Lady Macbeth spielt dem König gegenüber die sorgende Gastgeberin (“All our service, / In every point twice done, and then done double …” I, 6, 14/15), in Wirklichkeit hat sie aber den Mordplan schon geschmiedet. Kaum ist sie Königin, ist sie nicht mehr die starke Frau, sie erscheint als die Schwache, die unter der Bürde der Schuld zusammenbricht (“Here’s the smell of the blood still: all the perfumes of Arabia will not sweeten this little hand. Oh! oh! oh!” V, 1, 11–46).

Nach dem Mord an Duncan haben Macbeth und seine Frau ihr Ziel scheinbar erreicht: Sie sind König und Königin. In Wirklichkeit haben sie von ihrer neuen Stellung nichts, denn sie können die Macht, die sie nun besitzen, nicht genießen. Im Gegenteil, es ist sogar so, dass sie keinerlei Lebensfreude mehr haben, von ihren Freunden verlassen sind und sich auch voneinander mehr und mehr isolieren ("I have liv'd long enough: my way of life / Is fall'n into the sere, the yellow leaf; / And that which should accompany old age, / As honour, love, obedience, troops of friends, / I must not look to have; but in their stead, / Curses, not loud, but deep, mouth-honour, breath / Which the poor heart would fain deny, and dare not." V, 3, 22–28).

Die **Hexen** erscheinen Macbeth als die Überbringer gültiger Wahrheiten. In Wirklichkeit täuschen sie ihn vollkommen, d. h. er täuscht sich in ihnen, weil er in ihnen etwas sehen will, das sie nicht sind. So führen ihre „Prophezeiungen" zu Tod und Vernichtung. Besonders deutlich wird dies an den drei letzten Prophezeiungen, die Macbeth, als er eigentlich schon verloren hat, vorgaukeln, er sei unbesiegbar.

Das Böse

Das Böse überschattet das gesamte Drama, überall taucht es auf und muss bekämpft werden oder es führt die Menschen ins Verderben. Begleitet wird es von einer in jeder Szene spürbaren Atmosphäre von Gewalt, Gefahr, Misstrauen, Blutvergießen und Dunkelheit.

Das Böse ist der menschlichen Natur eigentlich entgegengesetzt. Lady Macbeth muss zuerst alles Weibliche aus sich verbannen, bevor sie abgrundtief böse werden kann. Macbeth muss über sein eigenes Gewissen hinweggehen, bevor er den Königsmord vollbringen kann. Das Böse muss also eine ungeheure Macht besitzen, wenn Menschen zwar den richtigen Weg kennen, aber immer wieder den falschen Weg nehmen. Es kommt verkleidet daher, gibt sich als goldenes Versprechen, gaukelt

Glück und Erfüllung vor. Shakespeare hat das Böse in diesem Stück in Form der Hexen auf die Bühne gebracht, es aber auch in den beiden Hauptpersonen angelegt.

Das Gefährliche am Bösen ist die Tatsache, dass es die Ordnung der Welt zerstört, wenn man sich ihm nicht entgegenstellt. Nach dem zu Shakespeares Zeiten gültigen Weltbild geschieht alles nach dem göttlichen Heilsplan, alles und jedes hat seinen Platz und seine Zeit, jeder Mensch hat seine Stellung in der Gesellschaft. Bricht jemand aus seiner gottgegebenen Stellung aus, zerstört er die Ordnung, so bricht das Gefüge der Welt zusammen, Unordnung und Chaos treten ein, die menschliche Gesellschaft wird zerstört. Macbeth tut dies in der entsetzlichsten Weise, indem er den König, Oberhaupt und Zentrum der menschlichen Gesellschaft, ermordet.
Shakespeare verdeutlicht die Zerstörung des Heilsplans auch durch äußere Begebenheiten. In der Mordnacht und danach geschehen allerlei unnatürliche Dinge: Es wird während des Tages stockdunkel, Eulen töten Falken, Pferde fressen einander. Auch die menschliche Gesellschaft wird von Mord und Gewalt heimgesucht, bis die natürliche Ordnung wieder hergestellt ist. Erst als Macbeth, der dem Bösen und damit dem Chaos den Weg geebnet hat, getötet ist und Malcolm als rechtmäßiger Herrscher den Thron bestiegen hat, ist die Ordnung wiederhergestellt; Frieden, Sicherheit und Gerechtigkeit kehren zurück.

Das Böse wirkt auf die Menschen wie eine Krankheit, es infiziert sie und macht sie so krank, dass sie immer weiter böse Taten vollbringen müssen. Macbeth tötet nicht nur den König, sondern vollbringt im Anschluss daran viele weitere Mordtaten. Schließlich wird sein Geist völlig von dieser Krankheit zerstört, sodass von ihm nur noch ein mörderisches Monster übrigbleibt. Ganz Schottland leidet nun unter dieser Krankheit, und nur durch den Tod des infizierten Macbeth kann das Land wieder gesund werden.

Ehre und Loyalität

Die feudale mittelalterliche Gesellschaft konnte allgemeinen Frieden sowie Ruhe und Ordnung in der Gesellschaft dadurch garantieren, dass der Einzelne auf seine Ehre achtete. Wer auf seine Ehre hält, der hält sich auch an verbindliche Regeln und Abmachungen der Gesellschaft, der steht auch loyal zu gesellschaftlichen Institutionen und zu seinen Vorgesetzten. Macbeth missachtet diese Regeln von Ehre und Loyalität. Indem er den König ermordet, bringt er sich um seine Ehre und zeigt, dass ihm Loyalität nichts gilt. Nun bricht die Gesellschaft auseinander; Keiner kann dem anderen mehr trauen. Malcolm muss in fast schon entwürdigender Weise Banquos Ehrlichkeit testen (IV, 3), um seine wahre Gesinnung, seine Treue der schottischen Sache gegenüber, herauszufinden. Da Macbeth selbst die Grundregeln von Ehre und Loyalität seinem Herrn, König Duncan, gegenüber verletzt hat, kann er auch nicht mit der Loyalität seiner Leute rechnen, als die entscheidende Schlacht gegen die vereinigte englische und schottische Armee geschlagen wird. Er wird von allen verlassen, die auch schon zuvor nur durch die Androhung von Gewalt an seiner Seite gehalten werden konnten.

4 Sprache und Symbolik

Die Sprache des Dramas

Zwischen Shakespeares Englisch und der heutigen englischen Sprache gibt es teils beträchtliche Unterschiede bezüglich der Aussprache und der Wortbedeutung. So ist es auch für einen englischen Muttersprachler nicht einfach, ein Drama aus der Zeit um 1600 zu verstehen. Auch ein englisches Publikum benötigt Verständnishilfen für den Umgang mit Shakespearedramen.

Shakespeare benutzte, als er seine Dramen schrieb, keine besondere, konventionelle Bühnensprache. Er versuchte die Ausdrucksmöglichkeiten der Sprache seiner Zeit zu erweitern, indem er mit dem Wortgut experimentierte. Das war relativ gut möglich, da die englische Sprache zu jener Zeit noch nicht zu stark durch Normen bestimmt war. Eine scharfe Trennung zwischen Umgangssprache und literarischer Sprache bestand nicht, so konnten sprachliche Experimente gemacht und umgangssprachliche Wendungen in die Literatur übernommen werden.

Der größte Teil des Dramas ist in Blankvers geschrieben. Blankvers besteht aus Zeilen von reimlosen („blanken") jambischen Pentametern (Fünfheber mit der Betonung auf der zweiten Silbe): |– –̀|– –̀|– –̀|– –̀|– –̀|. Von allen englischen Versformen entspricht der Blankvers am ehesten dem Rhythmus der gesprochenen Sprache. Dadurch, dass keine Reimbindung vorliegt, kann der Blankvers sehr flexibel verwendet werden und eignet sich besonders gut für Dialogsituationen. Aus diesem Grund wird er in englischen Dramen häufiger eingesetzt als alle anderen Versformen. Schon bald nach seiner Einführung durch den Earl of Surrey bei seiner Übersetzung von Vergils Aeneis (etwa 1540) wurde er das Standardversmaß für das elisabethanische Drama und blieb dies für Dramen bis ins 20. Jh.

Macbeth ist allerdings nicht durchgehend im Blankvers verfasst. Einige Textstellen weichen von diesem Schema ab. So sprechen die Hexen in sich zumeist reimenden 4-Hebern (I, 1; I, 3; III, 5; IV, 1). Durch diese künstlichere, gebundenere Sprache wird auf das Böse, das sie verkörpern, verwiesen. So werden sie von den anderen Personen des Dramas auch sprachlich unterschieden. Die Schlafwandelszene (V, 1) ist ganz in Prosa gehalten. Durch diesen Wechsel zur Alltagssprache wird im Drama ein Bruch in der Person der Lady Macbeth verdeutlicht. Es wird klar, wie weit ihr geistiger Auflösungsprozess schon fortgeschritten ist.

Das Ende von Szenen wird oft durch reimende Zweizeiler („rhyming couplets“) kenntlich gemacht. Dies war besonders wichtig, da es keine Möglichkeit gab, einen Szenenwechsel oder das Ende eines Aktes mithilfe eines Vorhangs zu verdeutlichen. Ein Beispiel für ein „rhyming couplet“ am Szenenende findet sich in Akt II, Szene 4: “God’s benison go with you; and with those / That would make good of bad, and friends of foes!” (weitere Beispiele: I, 2, 68/69; II, 3, 138/139; III, 2, 54/55; IV, 3, 239/240)

Bildersprache und Symbolik

Durch seine Sprache gelingt es Shakespeare, eine reiche Bilderwelt voller Bezüge heraufzubeschwören. In *Macbeth* dominieren Bildbereiche, die eine Atmosphäre von Dunkelheit, Mord und Blutvergießen entstehen lassen.

- **Kosmische und apokalyptische Bilder**
  Macbeth möchte, dass die Sterne sich verdunkeln sollen, damit seine Mordgedanken nicht ans Licht kommen: “Stars, hide your fires; / Let not light see my black and deep desires.” (I, 4, 50/51). Er gibt nichts auf die Existenz der Welt: “… though the treasure / Of Nature’s germens tumble all together, / Even till destruction sicken …” (Macbeth in IV, 1, 58–60). Wie Trompeten beim Jüngsten Gericht werden die Tugenden des Königs für ihn sprechen: “… his virtues / Will plead like angels, trumpet-tongu’d …” (Macbeth über Duncan in I, 7, 18/19).
- **Natur** (Tageszeiten, Wetter, Tierwelt)
  Der größte Teil des Dramas spielt nachts. Immer wieder benötigen die beiden Hauptpersonen den Schutz der Dunkelheit: “Come, thick night …” (Lady Macbeth in I, 5, 48); “Good things of Day begin to droop and drowse, / Whiles Nights black agents to their preys do rouse.” (Macbeth in III, 2, 52/53). Häufig wird eine Landschaft im Nebel heraufbeschworen, aber auch Blitz und Donner kommen vor. Schon

in der ersten Szene, aber auch bei ihrem weiteren Auftreten sind die Hexen von Blitz und Donner begleitet. Auch Macbeth tritt in Akt I, Szene 3 bei Donner auf, und Nebel verhüllt in dieser Szene schließlich die Hexen.
Die auftretenden Tiere stehen für Bedrohung und das Unheimliche: "The raven himself is hoarse, / That croaks the fatal entrance of Duncan / Under my battlements." (Lady Macbeth in I, 5, 36–38); "The wolf [...] with his stealthy pace ..." (Macbeth in II, 1, 53/54). Es gibt aber auch solche, die mit Freiheit und Lebensfreude in Verbindung gebracht werden: "The temple-haunting martlet ..." (Duncan in I, 6, 4).

- **Blut und Mord**
  Zu diesem Bereich können sehr viele Beispiele gefunden werden: "With thy bloody and invisible hand ..." (Macbeth in III, 2, 48); "What bloody man is that?" (Duncan in I, 2, 1); "When we have mark'd with blood those sleepy two ..." (Lady Macbeth in I, 7); "O nation miserable! / With an untitled tyrant bloody-scepter'd ..." (Macduff in IV, 3); "My thought, whose murther yet is but fantastical ..." (Macbeth in I, 3, 139); "... you murth'ring ministers ..." (Lady Macbeth in I, 6, 46); "This murtherous shaft that's shot / Hath not yet lighted ..." (Malcolm in II, 3, 134)

Zur bildhaften Verdeutlichung der Sprache dient die Metaphorik. Eine Metapher ist ein bildlicher Ausdruck für einen Gegenstand, oft benutzt, um abstrakte Begriffe zu veranschaulichen. Eine Metapher liegt z. B. vor, wenn ein listiger Mensch als „Fuchs" bezeichnet wird. Im gesamten Stück benutzt Shakespeare immer wieder **Metaphern**, um durch die Sprache Bilder vor dem Zuschauer entstehen zu lassen. In Akt I, Szene 3 sagt Banquo zu den Hexen: "If you can look into the seeds of time. / And say which grain will grow, and which will not ..." (I, 3, 38/59). Was soll es bedeuten, wenn jemand die Saat der Zeit aufgehen sehen kann? Diese Metapher macht uns bildhaft klar, dass die Hexen in die Zukunft sehen können. Es ist aber nicht so prosaisch ausgedrückt wie wir das im täglichen Leben tun würden, denn die Hexen sind übernatürliche Wesen, und wenn man mit ihnen spricht, benützt man eine besondere Sprache.

In Akt I, Szene 4 erklärt Banquo Ross und Angus, warum Macbeth aussieht, als träume er, nachdem ihm die Nachricht überbracht wurde, er sei Thane of Cawdor: "New honours come upon him, / Like our strange garments, cleave not to their mould / But with the aid of use." (I, 3, 146–148) Dieses Beispiel einer **Kleidermetapher** lässt uns deutlich sehen, wie Macbeth sozusagen noch nicht in seine neue Würde „hineingewachsen" ist, sondern sich ihr erst noch „anpassen" muss, bis sie ihm „passt". Macbeth selbst nimmt diese Metapher wieder auf, wenn er in Akt I, Szene 7 sagt: "I have bought / Golden opinions from all sorts of people, / Which would be worn now in their newest gloss, / Not cast aside so soon." (I, 7, 32–35) Er will die neuen Kleider (die neue Ehre = „golden opinions") nun erst einmal in Ruhe tragen, sie nicht gleich wieder wegwerfen.

In derselben Szene erhebt Duncan seinen Sohn zum „Prince of Cumberland", zu seinem Nachfolger also. Macbeths Mordgedanken erhalten dadurch neue Nahrung, und er sagt: "Stars, hide your fires; / Let not light see my black and deep desires ..." (I, 4, 50/51). Seine Gedanken scheuen sozusagen das Licht, es handelt sich um „lichtscheues Gesindel", das nicht offen an den Tag treten darf, nicht einmal ans Licht der Sterne. Sein entsetzlicher Plan darf nicht einmal der dunklen Nacht, die an sich schon mit allem Unheimlichen und Furcht Erregenden zu tun hat, offenbar werden.

5 Interpretation von Schlüsselstellen

Akt I, Szene 1

Shakespeare beginnt sein Stück mit einem Knalleffekt, um die Aufmerksamkeit seines Publikums zu gewinnen. Drei hässliche, geheimnisvolle alte Weiber, Hexen, kommen zusammen und sprechen über seltsame Kämpfe, die gleichzeitig gewonnen und verloren werden können; sie haben ungewöhnliche Tiere dabei und sie können offensichtlich in die Zukunft sehen.

Shakespeares Zeitgenossen in ganz Europa hielten Hexen für wirklich existent. James I., der König war, als *Macbeth* aufgeführt wurde, schrieb ein Buch über das Hexenwesen, das zu seiner Zeit als wissenschaftliches Werk anerkannt war. Man war der Auffassung, Hexen hielten sich Teufel in Form von Haustieren. Die Haustiere der Hexen in *Macbeth* heißen Graymalkin, das bedeutet graue Katze, und Paddock, das heißt soviel wie Kröte.

Holzschnitt von König James I. bei der Befragung von Hexen

Hexen haben Kontakt zum Bösen. Im Text wird dies z. B. dadurch deutlich gemacht, dass die drei eine direkte Verbindung zwischen Gut und Böse herstellen ("Fair is foul and foul ist fair" I, 1, 11). Es ist schwer, diese Zeile korrekt zu übersetzen. „Fair" kann sowohl „schön" als auch „gut" bedeuten, entsprechend kann „foul" „hässlich", aber auch „böse" heißen. Für die Hexen ist also schön auch gleichzeitig hässlich; gut wird böse gleichgesetzt. Dieser Effekt wird durch die Alliteration noch unterstützt. Wer wie die Hexen die Gegensätze nicht auseinander halten kann, sondern sie als gleich oder austauschbar ansieht, der muss wohl mit dem Bösen in Verbindung stehen. Die Aussage, der Kampf werde verloren und gewonnen ("When the battle's lost and won" I, 1, 4) unterstützt diesen Zusammenhang.

Die Hexen haben die Fähigkeit, in die Zukunft zu sehen: Sie wissen, dass der Kampf vor Sonnenuntergang beendet sein wird, sie wissen, dass sie Macbeth treffen werden. Für den Fortgang des Stückes und die Entwicklung von Macbeth ist dies von größter Wichtigkeit.

Akt I, Szene 3

In dieser Szene tritt Macbeth erstmals selbst auf. Shakespeare hat die ersten beiden Szenen dazu benutzt, die Hauptperson des Dramas von anderen, gleichsam von außen, charakterisieren zu lassen. So ist das Bild eines tapferen, aufrichtigen Helden entstanden. Die ersten Worte, die Macbeth dann in dieser Szene spricht, sind daher erstaunlich: "So fair and foul a day I have not seen" (I, 3, 39). Man denkt sofort an den Anfang des Dramas, wo wir etwas ähnliches schon gehört haben (I, 1, 11). Eine Verbindung zwischen Macbeth und den Hexen wird dadurch hergestellt.

Dann treten die Hexen auf und verkünden ihre Prophezeiungen. Macbeths Reaktion darauf ist anders als die von Banquo. Während Banquo mutmaßt, die Hexen könnten ihn und Macbeth betrügen ("The instruments of Darkness tell us truths; /

Win us with honest trifles, to betray's / In deepest consequence." I, 3, 124–126), so ist Macbeth eher der Meinung, die Prophezeiungen seien weder schlecht noch gut ("Cannot be ill; cannot be good" I, 3, 131). Da die erste und die zweite Hexe offenbar die Wahrheit gesagt haben, wird die dritte Hexe für ihn ebenfalls glaubwürdig. In ihm arbeitet es schon: Der Gedanke, König werden zu können, hat seine Vorstellungskraft entzündet. Er hegt schon hier Mordgedanken ("My thought, whose murder yet is but fantastical…" I, 3, 139), kommt aber schließlich zu der Erkenntnis, der Sache ihren Lauf zu lassen, ohne selbst einzugreifen ("If Chance will have me King, why, Chance may crown me, / Without my stir." I, 3, 144/145). Die Idee, König zu werden, ist für ihn also offenbar nicht ganz neu. Er scheint ein sehr ehrgeiziger Mann zu sein, der an einem weiteren Aufstieg interessiert ist.

Zu Beginn der Szene werden die Hexen und ihre Fähigkeiten genauer charakterisiert. Die erste Hexe erzählt davon, wie sie sich an einem Seemann rächt, dessen Frau ihr keine Kastanien abgegeben hat. Sie bringt sein Schiff in Seenot und die ganze Mannschaft in Gefahr, hat aber nicht die Macht, das Schiff zu versenken ("Though his bark cannot be lost…" I, 3, 24). Um den Schiffbruch herbeizuführen, müsste der Kapitän selbst wohl noch einen gravierenden Fehler begehen. Dies kann man auch auf Macbeth beziehen: Die Hexen prophezeien ihm zwar, dass er König werden wird, aber sie sagen nicht, wie dies geschehen soll. Es hängt von Macbeths freiem Willen ab, ob er einfach abwartet oder ob er selbst aktiv wird und das Geschehen vorantreibt. In dieser Szene ist also noch nicht entschieden, welchen Weg er gehen wird.

Akt I, Szene 5

Aus dem Brief Macbeths an seine Frau kann das Publikum entnehmen, dass die beiden ein enges Verhältnis haben. Macbeth schreibt sobald es ihm möglich ist, um seine Frau an der neu gewonnenen und der noch zu erwartenden Ehre teilhaben zu lassen. Was Lady Macbeth dann über den Charakter ihres Mannes sagt, macht deutlich, dass sie ihm die Brutalität nicht zutraut, die ihrer Meinung nach nötig ist, damit er König werden kann ("... too full o'th'milk of human kindness ..." I, 5, 15). Für Lady Macbeth ist gleich klar, dass nur der Mord am König zum Ziel führen kann. Sie erscheint so als harte, herzlose Frau. Dieser Eindruck wird verstärkt durch ihren Wunsch, mit ihrem Mann zu sprechen, um ihm alle menschliche Güte auszureden ("... That I may pour my spirits in thine ear ..." I, 5, 24) und sein Gewissen auszuschalten.

Als der Bote den König für den Abend ankündigt, scheint Lady Macbeth zum Mord entschlossen ("Thou'rt mad to say it." I, 5, 29), aber es wird in ihrem Monolog klar, dass sie sich verändern muss, wenn sie die brutal planende Mörderin werden will, als die sie sich am Ende der Szene darstellt. Sie ruft daher die Geister an, die die Diener der Mordgedanken sind, und bittet sie, alle ihre weiblichen Gefühle zu tilgen und sie stattdessen von Kopf bis Fuß mit schrecklichster Grausamkeit zu erfüllen, damit kein Mitleid die Ausführung ihres Planes behindern kann ("... unsex me here, / And fill me, from the crown to the toe, top-full / Of direst cruelty!" I, 5, 39–41). Es wird deutlich, dass Lady Macbeth sich zur Grausamkeit zwingen muss und Hilfe von außen benötigt, um zur bösen Tat fähig zu werden. In ihr spielt sich ein Komflikt zwischen verschiedenen Teilen ihrer Persönlichkeit ab. Der Teil, der ihre weiblichen Qualitäten verkörpert, unterliegt hier dem ehrgeizigen, machtbesessenen Teil in ihr.

Als Macbeth eintritt, kommt ihm seine Frau entschlossen entgegen. Macbeth hingegen macht den Eindruck eines Ratsuchenden. "Duncan comes here tonight" kann hier nur so interpretiert werden, dass er seine Frau um Rat fragt, was zu tun ist, denn Lady Macbeth weiß ja längst, dass Duncan ins Schloss kommen wird. Doch auch Macbeth zeigt schon eine gewisse

Entschlossenheit, wenn er sagt, der König habe vor, morgen wieder zu gehen. Völlig deutlich macht die Lady ihrem Mann, wie vorgegangen werden muss, als sie sagt, dass dieser Morgen nicht kommen werde, d. h. dass Duncan nicht wieder abreisen wird ("O! never / Shall sun that morrow see!" I, 5, 85/86). Im Anschluss daran gibt sie ihrem Mann Anweisungen für sein Verhalten ("... look like th'innocent flower..." I, 5, 63). Dieser macht am Ende der Szene einen unentschlossenen Eindruck, er benötigt noch Zeit zum Überlegen und Besprechen des Planes ("We will speak further" I, 5, 68), wohingegen sie entschlossener denn je scheint, sie will alles in die Hand nehmen ("Leave all the rest to me" I, 5, 71).

Lady Macbeth wird hier als willensstarke Frau gezeigt, die auch vor Mord nicht zurückschreckt, um die Königskrone zu erhalten. Sie ist die momentan dominierende Ehepartnerin, sie ist aber auch im Konflikt mit sich selbst, was den geplanten Mord angeht.

Akt II, Szene 1

Die Stimmung in dieser Szene ist unruhig. Es ist eine dunkle, sternenlose Nacht. Banquo kann nicht schlafen, weil er schlechte Träume hat. Er ist misstrauisch, daher ergreift er sein Schwert, als er ein Geräusch hört. Doch es ist nur Macbeth, der noch durch die Burg schleicht. Die kommende Tat macht ihn so ruhelos. Banquo ist vorsichtig, denn seine Träume von den drei Hexen und seine Gedanken, die sich mit diesem Vorkommnis beschäftigen, lassen ihn etwas Ungutes befürchten ("cursed thoughts" II, 1, 8).

Auch Macbeth ist in dieser Szene vorsichtig. Er will seine bösen Gedanken nicht verraten, sondern versucht, sie hinter der Maske des besorgten Gastgebers zu verbergen. Als Banquo von den Geschenken des Königs erzählt, erwidert Macbeth, dass er und seine Frau gerne mehr für den König getan hätten, wenn sie mehr Zeit für Vorbereitungen gehabt hätten ("Being unprepared,

/ Our will became the servant to defect ..." II, 1, 17/18). So sagt er genau das Gegenteil von dem, was seine Frau und ihn selbst die ganze Zeit beschäftigt hat. Als die Sprache auf die Hexen kommt, behauptet er, er denke nicht an sie ("I think not of them." II, 1, 21). Wir wissen natürlich, dass dies ebenfalls eine Lüge ist, denn ausschließlich daran hat Macbeth gedacht, seit er die Hexen zum ersten Mal getroffen hat. Fast scheint es unvorsichtig, dass Macbeth Banquo gegenüber seltsame Andeutungen macht. Er sagt Banquo, dass es sich für ihn lohnen könnte, sich auf seine Seite zu stellen, wenn die Zeit dafür gekommen sei ("If you shall cleave to my consent, when 'tis, / It shall make honour for you." II, 1, 25/26). Das Wort Ehre wird hier von Banquo anders verstanden als von Macbeth. Für Banquo bedeutet es Aufrichtigkeit und rechtes Handeln. Er sagt, er wolle und könne seine Ehre nur vermehren, wenn er sie dabei nicht verliere ("So I loose none in seeking to augment it ..." II, 1, 26). Macbeth bleibt hier absichtlich zweideutig, so zweideutig wie die Hexen, als sie ihre Prophezeiungen machten. Banquo ist jedoch auf diese Weise nicht ansprechbar. Zwar weiß er wohl nicht genau, worauf Macbeth abzielt, er macht aber klar, dass er sich auf nichts Unrechtes einlassen wird.

Im anschließenden Monolog wird Macbeths Zustand äußerster Erregung deutlich: Sein überreiztes Hirn gaukelt ihm Dinge vor, die es nicht gibt ("... or art thou but / A dagger of the mind, a false creation, / Proceeding from the heat-oppressed brain?" II, 1, 37–39). Aber er erkennt, was der Grund für diese Halluzination ist: der Königsmord, der ihn sich schon vor der Tat schuldig fühlen lässt.

Betrachtet man diese Szene genauer, so erkennt man, dass sie voller ironischer Bezüge ist:

- Macbeth und seine Frau haben zwar eine finstere Nacht für den Mord, aber es ist klar, dass es ihnen niemals gelingen wird, sich vor ihrer eigenen Schuld zu verbergen.

- Banquo fragt: "Who's there?" und Macbeth, der ihn später ermorden lassen wird, antwortet: "A friend." (II, 1, 10/11)
- Banquo sagt, der König habe den Tag in höchster Zufriedenheit beschlossen. Wir wissen, dass es der letzte Tag seines Lebens war.
- Macbeth sagt, er sei unvorbereitet gewesen in Bezug auf den Besuch des Königs. In Wirklichkeit ist er bestens vorbereitet, den König zu ermorden.

Akt III, Szene 4

In dieser Szene wird deutlich, wie viele Untaten Macbeth schon auf dem Gewissen hat. Ein Fest mit den Adeligen seines Königreiches ist geplant, doch es wird kein freudiges und harmonisches Beisammensein geben. Kaum sind die Gäste begrüßt und haben ihrem Rang gemäß ihre Plätze an der Tafel eingenommen, als auch schon das Böse in Gestalt eines der Mörder Banquos an der Tür erscheint und Macbeth verkündet, Banquo sei, dem Auftrag gemäß, von ihm ermordet worden. Dadurch, dass der Mörder quasi in Macbeths Fest eindringt, wird dem Zuschauer neben der eigentlichen Handlung auch dokumentiert, wie sehr Macbeth an Mord und Tod denkt. Das wird nun im Folgenden noch verdeutlicht durch den Auftritt von Banquos Geist. Menschen der elisabethanischen Zeit glaubten daran, dass die Geister von Toten die Lebenden heimsuchen konnten. Das geschieht nun mit Macbeth, der ja an Banquos Tod als der Auftraggeber direkte Schuld trägt. Allerdings lässt Shakespeare den Geist nur für Macbeth sichtbar werden ("What sights, my Lord?" III, 4, 115). Dies ist ein geschickter Kunstgriff des Autors, der es damit für jeden Zuschauer offenlässt, wie er die Geistererscheinung werten will. Handelt es sich wirklich um eine Erscheinung, die eben nur für eine Person sichtbar wird, oder spielt sich alles in Macbeths Vorstellung ab? Ist er, schuldbeladen, an der Grenze zum Wahnsinn, spielt sein Gewissen ihm diesen Streich? Ironischerweise betritt der Geist genau zu dem

Zeitpunkt die Szene, als Macbeth die Abwesenheit Banquos beklagt. Der Geist setzt sich auf Macbeths Platz. Macbeth, der die Situation überhaupt nicht einschätzen kann, glaubt, einer seiner Lords spiele ihm einen üblen Streich und habe die Leiche Banquos auf irgendeinem Wege in den Festsaal schaffen und auf seinen Stuhl setzen lassen ("Which of you have done this?" III, 4, 48). Sein Geisteszustand wird dem Zuschauer auf diese Weise offenbar: Er ist vor Erregung über den Königsmord und die darauf folgenden Ereignisse nicht mehr Herr seiner Sinne, er verliert den Bezug zur Realität. Schließlich beginnen die Lords misstrauisch zu werden, es wird ihnen deutlich, dass ihr König ein schreckliches Geheimnis hat. Beinahe verrät Macbeth auch alles. Die Lady kann mit Mühe noch das Schlimmste abwenden, indem sie vorgibt, ihr Mann leide an den Attacken einer seltsamen Krankheit. Lady Macbeth tritt hier zum letzten Male als starke Frau auf, die die Situation erkennt und geschickt handelt. Das Fest muss überhastet abgebrochen werden, die Gäste werden schnell weggeschickt, Macbeth und seine Frau bleiben allein zurück. Macbeth beruhigt sich wieder. Wie weit er von Misstrauen schon zerfressen ist, wird deutlich, als er bekennt, dass er alle seine Lords bespitzeln lässt ("There's not a one of them, but in his house / I keep a servant free'd." III, 4, 130/131). Er ist unsicher in seinem eigenen Königreich, traut keinem mehr, isoliert sich immer weiter von allen anderen Menschen. Welchen Weg er in der Zukunft gehen wird, das macht er deutlich durch seine Aussage in der letzten Zeile der Szene ("We are yet but young in deed." II, 1, 143). Seine Zukunft wird vom Blut der Menschen getränkt sein, die eigentlich seine Freunde und seine Helfer sein sollten.

Akt IV, Szene 1

Macbeth versucht in dieser Szene mit allen Mitteln zu erfahren, was seine Zukunft ihm bringen wird. Die Hexen, die ihm schon ganz am Anfang Prophezeiungen gemacht haben, scheinen ihm hierzu das geeignete Mittel. Zwar weiß er mittlerweile, dass die Hexen mit dem Teufel im Bunde stehen, einer Kraft, die grundsätzlich nicht die Wahrheit sagt, doch glaubt er nach wie vor, für sich persönlich Wahres zu erfahren. An Banquos Warnung, die dieser anlässlich der ersten Prophezeiung der Hexen in I, 3, 123–126 ausspricht ("The instruments of Darkness tell us truths; / Win us with honest trifles, to betray's / In deepest consequence.") denkt er längst nicht mehr. Erst ganz am Ende des Stückes wird ihm klar, dass er von den teuflischen Mächten immer nur betrogen wurde.

Der Beginn der Szene bis zum Auftritt Macbeths dient dazu, eine unheimliche Stimmung zu schaffen, in der dann die Prophezeiungen wirkungsvoll ablaufen können. Macbeth wird von der zweiten Hexe als das angekündigt, was er mittlerweile geworden ist: eine Verkörperung des Bösen ("By the pricking of my thumbs, / Something wicked this way comes." IV, 1, 44/ 45) Die Erscheinungen, die Macbeth nun zu sehen bekommt, entsprechen seinen eigenen Vorstellungen, Hoffnungen und Ängsten. Die erste Erscheinung ist folgerichtig sein eigener Kopf ("… an armed head." IV, 1, nach 68). Er sagt sich sozusagen selbst, wovor er sich fürchtet: Macduff ist der Feind. Es ist ja auch tatsächlich Macduff, der Macbeth schließlich im Zweikampf besiegt und tötet. So bekommt Macbeth hier die Wahrheit mitgeteilt, interpretiert sie aber so, dass dadurch die Katastrophe erst ihren unumkehrbaren Lauf nimmt: Indem er Macduffs Familie töten lässt, schwört dieser tödliche Rache.

Die zweite Erscheinung nimmt Bezug auf Macduffs Geburt durch Kaiserschnitt ("… a bloody child." IV, 1, nach 76). Auch hier wird die Wahrheit vorweggenommen: Macbeth wird von Macduff getötet, der aus dem Leib seiner Mutter herausgeschnitten wurde. Macbeth kann aber auch diese Wahrheit nicht erkennen, da er zu sehr in seiner eigenen Welt, seinen eigenen Plänen befangen ist. Auch die dritte Prophezeiung ("… a child crowned, with a tree in his hand." IV, 1, nach 86) entspricht der Wahrheit:

Erst wenn der Wald von Birnam sich in Bewegung setzen wird, wird Macbeth in Gefahr sein. Der Wald wird sich bewegen, allerdings in der Form, dass englische Soldaten abgeschlagene Zweige der Bäume als Tarnung vor sich hertragen werden.

Alle diese Prophezeiungen werden von Macbeth so interpretiert, wie sie am besten in sein Weltbild passen. Die Hexen geben ihm keinerlei Interpretationshilfe. Eben dadurch führen sie ihn ins Verderben. Auch die Prozession der Könige, die Macbeth zum Abschluss sieht, zeigt die Wahrheit, macht ihn aber so verbittert, dass er beschließt, von nun an alle seine Pläne direkt in die Tat umzusetzen, wie blutig sie auch sein mögen ("From this moment, / The very firstlings of my heart shall be / The firstlings of my hand." IV, 1, 146–148). Er beschließt, Macduffs Familie ermorden zu lassen, um dadurch Macduff für seine Flucht nach England zu bestrafen. Eben dieser Entschluss führt schließlich zu seinem Tod durch die Hand von Macduff.

Rezeptionsgeschichte

Obwohl seine Dramen zu allen Zeiten aufgeführt wurden, begann erst gegen Ende des 18. Jahrhunderts die eigentliche Wiederentdeckung und Verehrung von Shakespeare. Seine Werke wurden über alles geachtet und jenseits jeder Kritik gesehen. Man nahm sogar an, irgendwelche problematische Textstellen in seinen Dramen seien von anderen eingefügt oder verdorben worden. Shakespeare galt nicht nur als unerreichter Dichter, sondern auch als vorbildlicher Denker und Philosoph.

Zu dieser Zeit begann man auch, die Charaktere aus Shakespeares Dramen nicht mehr nur im Umfeld der Handlung zu sehen, sondern sie wie richtige Menschen zu betrachten und ihre Bühnenhandlungen entsprechend zu interpretieren. Diese Art der Interpretation ist heute noch gängig. So ist es durchaus vorstellbar, Macbeth psychologisch zu analysieren. Allerdings kann diese Art der Betrachtung auch zu abseitigen Ergebnissen führen, etwa wenn Literaturwissenschaftler über die persönliche Vergangenheit der Lady und die Anzahl ihrer Kinder spekulieren. Es ist aber sicher sinnvoll, immer wieder neu Shakespeares Sprache und Symbolik zu erforschen.

Macbeth war im 18. und 19. Jahrhundert das meistgespielte Shakespeare-Stück. Zwischen 1674 und 1744 sind 300 Aufführungen des Werkes bezeugt, meist jedoch in zeitgenössischen Adaptionen. G. A. Bürger (1747–1794, Sturm und Drang) erarbeitete eine Prosanachdichtung des Macbeth-Stoffes, wobei er den Schwerpunkt auf die dämonischen Elemente legt.

Von Friedrich Schiller (1759–1805) gibt es ebenfalls eine Bühnenbearbeitung des *Macbeth*. Schiller betont dabei Macbeths Willensfreiheit bei der Entscheidung zur bösen Tat.

Daneben liegen es auch zahlreiche **musikalische Bearbeitungen vor**. Die Oper in vier Akten von Guiseppe Verdi (1847), beruht auf einer Textbearbeitung von Francesco Piave, die im Wesentlichen der Vorlage Shakespeares folgt. Mit dieser frühen Oper hatte Verdi allerdings nur wenig Erfolg. Die Wirkung einer Aufführung hängt in erheblichem Maße vom schauspielerischen Können der beiden Hauptdarsteller ab. Obwohl viele Szenen blass wirken, ist diese Oper heute noch häufig zu sehen. Die sinfonische Dichtung *Macbeth* von Richard Strauß (1890) ist im Konzertsaal sehr selten zu hören.

Von den unzähligen **Filmversionen** sind zwei besonders bekannt: Der Schwarz-Weiß-Film von Orson Welles (1948) und Roman Polanskis Verfilmung von 1971. Welles hat für seine Filmfassung einzelne Szenen des Originals zum Teil stark gekürzt und neu angeordnet. Es entstand so eine effektvolle Bearbeitung des Shakespeare-Dramas, die eine ungeheure Dichte besitzt. Polanski wählte für seinen Film realistische Schauplätze. Die Hexenszenen wurden am Meeresstrand und auf der Heide gedreht, die Burgszenen spielen in einem mittelalterlichen Schloss. Der Text blieb nahezu unangetastet, die Anordnung der Szenen entspricht dem Original. Diese Fassung bezieht ihre Wirkung aus der wirklichkeitsnahen Art der Darstellung.

Literaturhinweise

Kott, Jan: *Shakespeare heute.* München: dtv 1980.
(Darin ist ein Kapitel über *Macbeth* enthalten. Kott stellt einige interessante Motive heraus.)

Nostbakken, Faith: *Understanding Macbeth: A Student Casebook to Issues, Sources, and Historical documents.* Greenwood: The Greenwood Press 1997 (Literature in context).
(Erläuterung einiger Grundbegriffe: Sprache, Motive, Entstehungsgeschichte. Nostbakken gibt jeweils auch Textbeispiele und stellt aktuelle Bezüge her. In der englischen Originalsprache, trotzdem auch für deutsche Schüler gut zu verstehen.)

Schabert, Ina: *Shakespeare-Handbuch.* 3. Aufl. Stuttgart: Kröner 1992.
(Das grundlegende Buch zu Shakespeare und allen seinen Werken.)

Schoenbaum, Samuel: *William Shakespeare.* Frankfurt a. M.: Insel 1981.
(Ausführliche Dokumentation von Shakespeares Leben.)

Shakespeare, William: *Macbeth.* Fremdsprachentexte. Herausgegeben von Barbara Rojahn-Deyk. Stuttgart: Reclam 1987.
(Alle Zitate dieser Interpretationshilfe beziehen sich auf diese Lektüre-Ausgabe.)

Tillyard, E. M. W.: *The Elizabethan World Picture.* Harmondsworth: Penguin 1972.
(Sehr profunde Information über das mittelalterliche Weltbild, wie es zur Zeit Shakespeares noch Gültigkeit hatte.)

Ihre Meinung ist uns wichtig!

Ihre Anregungen sind uns immer willkommen. Bitte informieren Sie uns mit diesem Schein über Ihre Verbesserungsvorschläge!

Titel-Nr.	Seite	Vorschlag

Bitte hier abtrennen

Lernen • Wissen • Zukunft
STARK

Bitte hier abtrennen

Zutreffendes bitte ankreuzen! Die Absenderin/der Absender ist:

- ☐ Lehrer/in in den Klassenstufen: ____
- ☐ Fachbetreuer/in
  Fächer: ____
- ☐ Seminarlehrer/in
  Fächer: ____
- ☐ Regierungsfachberater/in
  Fächer: ____
- ☐ Oberstufenbetreuer/in
- ☐ Schulleiter/in
- ☐ Referendar/in, Termin 2. Staatsexamen: ____
- ☐ Leiter/in Lehrerbibliothek
- ☐ Leiter/in Schülerbibliothek
- ☐ Sekretariat
- ☐ Eltern
- ☐ Schüler/in, Klasse: ____
- ☐ Sonstiges: ____

Kennen Sie Ihre Kundennummer?
Bitte hier eintragen.

Absender (Bitte in Druckbuchstaben!)

Name/Vorname

Straße/Nr.

PLZ/Ort/Ortsteil

Telefon privat

Geburtsjahr

E-Mail

Schule/Schulstempel (Bitte immer angeben!)

Unterrichtsfächer: (Bei Lehrkräften!)

STARK Verlag
Postfach 1852
85318 Freising

22-V1P

Bitte ausfüllen und im frankierten Umschlag an uns einsenden. Für Fensterkuverts geeignet.

(Bitte blättern Sie um)